A Descoberta do Buda

LIVRO E BARALHO

OSHO

A DESCOBERTA DO BUDA

LIVRO E BARALHO

53 Sutras e Cartas de Meditação
para Criar um Sentimento de Paz Interior

Tradução
ANAND SAMASHTI
PREM ABODHA

EDITORA CULTRIX
São Paulo

Título original: *Buddha Discovery Deck.*

Excertos de trabalhos selecionados de Osho.

Dados Internacionais de Catalogação na Publicação (CIP)
(Câmara Brasileira do Livro, SP, Brasil)

Osho, 1931-1990.
A descoberta do Buda : livro e baralho : 53 sutras e cartas de meditação para criar um sentimento de paz interior / Osho ; tradução Anand Samashti, Prem Abodha. — São Paulo : Cultrix, 2004.

Título original : Buddha discovery deck
ISBN 85-316-0861-9

1. Buda 2. Filosofia budista 3. Meditação 4. Osho — Ensinamentos 5. Sutras 6. Vida espiritual I. Título.

04-6824 CDD-299.93

Índices para catálogo sistemático:
1. Meditações : Osho : Filosofia mística : Religião 299.93

O primeiro número à esquerda indica a edição, ou reedição, desta obra. A primeira dezena à direita indica o ano em que esta edição, ou reedição, foi publicada.

Edição	Ano
1-2-3-4-5-6-7-8-9-10-11	04-05-06-07-08-09-10-11

Direitos de tradução para o Brasil
adquiridos com exclusividade pela
EDITORA PENSAMENTO-CULTRIX LTDA.
Rua Dr. Mário Vicente, 368 — 04270-000 — São Paulo, SP
Fone: 6166-9000 — Fax: 6166-9008
E-mail: pensamento@cultrix.com.br
http://www.pensamento-cultrix.com.br
que se reserva a propriedade literária desta tradução.

Impresso em nossas oficinas gráficas.

Sumário

Como Usar as Cartas

O Baralho da Descoberta do Buda é um instrumento para nos apoiar na observação consciente da mente, das emoções e das atividades físicas da vida diária. Não são "cartas divinatórias" — isto é, elas não servem para ler o futuro, nem para interpretar o que está acontecendo no presente. Elas servem, isto sim, como lembretes de que cada um de nós traz dentro de si mesmo o potencial para despertar, para tornar-se um buda por direito próprio, e que é esse processo de acordar que dá sentido e significado a nossa vida.

O baralho é composto de 53 cartas — uma para cada semana do ano e mais uma carta-lembrete (*Sammasati*), não-numerada, que serve como lembrança de que, essencialmente, a tarefa é tornarmo-nos uma luz em nós mesmos, para cumprirmos a promessa do buda interior.

Cada carta traz uma foto de uma estátua de Buda, uma citação curta (*sutra*) da obra conhecida como o *Dhammapada* de Gautama, o Buda, e um breve comentário de Osho sobre o sutra. O livro corresponde ao baralho e apresenta um comentário mais detalhado sobre cada carta.

A seguir, são oferecidas sugestões para o uso do livro e do baralho.

Antes de começar a usar as cartas, leia a Introdução do livro. Isso o ajudará a compreender o propósito do texto, de onde ele vem, e como abordá-lo.

Escolha uma carta no começo de cada semana, com a intenção de guardá-la com você e reportar-se a ela várias vezes ao dia. Pode ser útil selecionar primeiro os acontecimentos que servirão para ajudá-lo a se lembrar — as horas das refeições, por exemplo, ou intervalos estabelecidos no horário de trabalho. É melhor manter a carta num lugar onde você tenha de parar intencionalmente o que esteja fazendo e então pegá-la e olhar para ela. Quando deixamos coisas "em exposição", elas geralmente se tornam parte da paisagem e deixamos de notá-las.

As cartas são numeradas para que seja mais fácil encontrar o texto correspondente no livro, mas elas não precisam ser usadas necessariamente na ordem em que são numeradas. Você pode também escolhê-las ao acaso, ou de acordo com as palavras ou fotos que lhe atraírem no momento. Apenas não se esqueça de deixar a carta de lado após a semana ter passado, de modo que você esteja sempre trabalhando com uma carta nova.

Leia a sessão do livro que corresponde à carta que você escolheu. À medida que as semanas passam, e as palavras das cartas comecem a "penetrar" em você, você descobrirá que, ao ler o texto do livro novamente, ele lhe revelará camadas mais profundas de significado.

Depois dos primeiros dias, você descobrirá o ritmo que se ajusta melhor ao seu dia, possibilitando que você realmente dedique algum tempo à carta, depois faça um "intervalo" e volte para o seu centro de observação. É melhor ler o texto como se fosse uma poesia, sem fazer nenhum esforço intelectual para compreendê-lo ou analisá-lo. Assim as palavras provocam e estimulam a compreensão intuitiva, sem palavras, que você já traz dentro de si como uma semente.

Sempre que possível, passe algum tempo com a carta durante a semana, e releia o texto correspondente do livro antes de dormir. Isso possibilita que uma profunda sensação de relaxamento e de aceitação permeie seu sono durante toda a noite. Essa sensação ficará ainda mais forte se você mantiver a carta perto da cama e olhar para ela novamente pela manhã, quando acordar.

Para finalizar, uma nota sobre a carta-lembrete (*Sammasati*):

Essa carta é, em certo sentido, a mais importante de todas. Cada uma das outras cartas aponta na direção dessa, que é a lembrança de que despertar e permitir que o buda interno venha à tona é a nossa mais importante tarefa na vida. Convém manter essa carta em cima do baralho e aumentar a familiaridade com sua mensagem a cada semana, antes de escolher uma nova carta para a semana seguinte.

O que é um Sutra?

O *sutra* é uma afirmação essencial sem nenhuma elaboração, sem nenhuma explicação, sem nenhum ornamento — apenas sua essência nua e crua. Isso era necessário nos tempos antigos, porque as pessoas tinham de se lembrar desses sutras. Assim, eles tinham de ser muito condensados, tinham de ser telegráficos, de modo que as pessoas pudessem se lembrar por séculos, porque eles passavam de geração em geração, fazendo parte da memória das pessoas. Os livros ainda não existiam, a imprensa não tinha aparecido. As pessoas tinham que se lembrar; daí o artifício do sutra. Um sutra significa uma máxima, justamente o âmago essencial. Mas, se você se lembrar dele, sempre poderá decodificá-lo.

E é isso o que estou fazendo aqui — decodificando esses sutras para vocês.

No Oriente, todas as grandes escrituras são escritas em sutras. Sutra significa a afirmação mais condensada, tão fina quanto um fio — a palavra "sutra" significa "fio". Todas as coisas não-essenciais foram eliminadas; só sobrou o mais essencial. É o jeito mais telegráfico de se expressar coisas. Por isso, no Oriente, são feitos grandes comentários. No Ocidente, não existem comentários, porque não se escreveu nenhum sutra. Um sutra precisa de um comentário.

No Ocidente, o próprio fenômeno dos comentários não aconteceu. Ninguém comenta sobre Kant, ninguém comenta sobre Hegel, ninguém comenta sobre Sócrates, ninguém comenta sobre a Bíblia. O fenômeno dos comentários é absolutamente oriental. E a razão disso é que os grandes filósofos do Ocidente surgiram quando a escrita já tinha chegado, quando não mais havia a questão de se memorizar — você podia escrever um tratado.

E quando os filósofos como Kant ou Hegel ou Feuerbach escrevem, eles escrevem com todas as possíveis implicações, complexidades, significados. Eles também escrevem tendo em mente a possibilidade de alguém contradizê-los e quais poderiam ser seus pontos de vista. Eles também têm em mente quais podem ser os argumentos da filosofia oposta, e já se apressam em rebatê-los — embora ninguém tenha se oposto a eles, nem mesmo compreendido sobre o que eles estavam escrevendo. Assim, seus escritos eram, de certo modo, muito completos, abrangentes e inteiros. Eles não deixavam nada para uma outra pessoa acrescentar.

No Oriente, os comentários começaram por uma certa razão histórica. Trata-se de pelo menos dez mil anos de idade — isso de acordo com a visão ortodoxa sobre a história do desenvolvimento filosófico no Oriente. Há quem pense que sejam mais do que dez mil anos. E, como não havia nenhuma escrita — a escrita ainda não havia sido inventada —, todo mestre tinha de falar por meio de pequenas máximas — não de tratados elaborados, mas de pequenos sutras. A palavra "sutra" quer dizer "fio". Os sutras dão a você o mínimo a ser lembrado, porque se lembrar do imenso conteúdo de um tratado filosófico não seria possível. E há o perigo de se esquecer de algo, há o perigo de se acrescentar algo por conta própria. Assim, o recurso dos sutras foi a única possibilidade — escrever de um modo tão condensado, que todo discípulo de qualquer mestre pudesse se lembrar das pequenas máximas, parecidas com sementes.

Mas elas são apenas sementes. Elas indicam o caminho, indicam uma certa direção. A menos que seu coração se torne um solo fértil para essas sementes, elas não brotarão em folhas, em ramos, em flores, em frutos. Essas sementes contêm tudo o que vai acontecer, elas têm todo o programa armazenado. Se você permitir que a semente invada o seu ser, à medida que ela for penetrando cada vez mais fundo, você perceberá tudo o que está contido nela. Ela se tornará uma realidade em você.

Mas como as pessoas são diferentes, porque as pessoas são únicas — cada coração não é o mesmo solo, o mesmo território, a mesma terra —, a semente terá de crescer de acordo com o solo. O coração de uma pessoa pode ser muito fértil, criativo. A árvore pode se tornar muito grande, a folhagem pode ser muito verde e, quando a primavera chegar, haverá milhares de flores e frutos.

Mas o coração de outra pode ser muito duro. A semente é a mesma, mas o solo não vai ajudar muito. A semente terá de crescer enfrentando todas as dificuldades, todas as barreiras. O coração não vai ajudar, mas, ao contrário, irá dificultar. Trata-se de uma semente que caiu numa terra cheia de pedras. Ela pode crescer, mas não será como se tivesse caído num coração fértil, criativo. Ela pode não atingir a mesma altura; pode até ficar um pouco defeituosa; pode não ter muita folhagem; pode vir a dar apenas algumas flores.

Mas a singularidade é tal — alguém é poeta e a semente pode se tornar poesia. E alguém é músico e a semente pode se tornar música. E alguém é escultor e a semente pode se tornar beleza em forma de pedra. Tudo dependerá da espécie de coração em que a semente cai. E há muito mais implicações.

É possível que um coração possa ser muito fértil e possa trazer muitas flores. E outro possa não ser tão fértil e possa não trazer milhares de flores, mas apenas uma — enorme, muito grande. Aquelas milhares de flores não serão de modo algum comparáveis a essa única flor. Em número, elas podem ser muitas, mas a beleza dessa única flor quase que acumulou toda a beleza de milhares de flores.

Eu tive um jardineiro comigo durante muitos anos, durante o tempo em que eu dava aulas na universidade. Eu tinha um lindo jardim. E esse homem idoso que eu havia escolhido por uma razão especial — ele era jardineiro de outra pessoa, era um jardineiro de um oficial do exército. Todo ano ele vencia a competição do cultivo das maiores rosas. Eu costumava ir lá para ver, porque toda a cidade acompanhava de perto a competição.

Todos os ricos — oficiais, burocratas, professores, doutores, aqueles que podiam manter um jardim — participavam. Mas eu não estava interessado nas pessoas que participavam. Eu estava interessado em descobrir quem era o jardineiro, pois o pobre jardineiro nem era mencionado quando o troféu era dado ao vencedor. Ele era dado ao dono do jardim. Eu estava procurando o jardineiro, porque aquele oficial do exército não podia ser jardineiro — o pobre jardineiro nem estava lá.

Segui o carro do oficial. Olhei ao redor da casa dele, observei, e descobri onde o jardineiro estava trabalhando. Quando o oficial do exército entrou, ele nem mesmo disse ao jardineiro: "Ganhei o troféu por sua causa. Na verdade, ele lhe pertence". Ele simplesmente entrou na garagem e depois na casa.

Eu entrei no jardim. O velho, um homem pobre, estava trabalhando. Eu lhe perguntei:

— Você ouviu dizer que suas rosas foram eleitas as melhores deste ano?

— Ninguém ainda me disse — ele respondeu.

— Quando o oficial lhe paga de salário? — perguntei.

— Não muito — ele disse.

— Seja o que for que ele lhe pague, pago o dobro. Você pode me dizer depois o quanto ele está pagando. Traga o que você tem para o meu carro e venha comigo.

E então eu descobri como ele vencia... Toda a sua arte era nunca permitir mais de uma rosa em cada roseira. Ele cortava todos os botões e deixava somente o botão maior. Eu perguntei:

— Que segredo é esse?

— O segredo é simples. A roseira tem uma certa quantidade de sumo. Ele pode ser distribuído para centenas de flores, mas, se você não deixar que ele seja distribuído, terá de se fixar numa única rosa.

Eu fiquei nove anos naquela cidade. Durante esses nove anos, aquele jardineiro foi o vencedor. E o segredo dele era deixar que apenas uma única flor crescesse. Assim, é possível — essas são as singularidades das quais estou falando — que a mesma semente, em diferentes corações, traga diferentes manifestações.

E foi assim que os comentários começaram. O mestre morre, ele tem milhares de discípulos que o ouviram — agora eles começam a pensar, qual é o significado de uma certa afirmação ou de uma certa palavra? No Oriente, isso tem sido sempre um assunto muito delicado. Não uma lógica brutal, mas uma arte muito sutil, muito feminina.

Buda:

UMA VIRADA NA HISTÓRIA

Gautama, o Buda, é a maior ruptura que a humanidade conheceu até agora. O tempo não deveria ser dividido com o nome de Jesus Cristo; ele deveria ser dividido com o nome de Gautama, o Buda. Deveríamos dividir a história em antes de Buda e depois de Buda, não antes de Cristo e depois de Cristo, porque Cristo não é uma ruptura — é uma continuidade. Ele representa o passado em sua tremenda beleza e grandiosidade. Ele é a própria essência de toda a busca do homem antes dele. Ele é a fragrância de todo o empenho do homem para conhecer Deus, mas ele não é uma ruptura. No verdadeiro sentido da palavra, ele não é um rebelde. Buda é, mas Jesus parece mais rebelde do que Buda pela simples razão de que a rebelião de Jesus é visível e a rebelião de Buda é invisível.

Você precisará de um grande *insight* para compreender a contribuição de Buda para a consciência humana, para a evolução humana, para o crescimento humano. O homem não seria o mesmo se Buda não tivesse existido. O homem teria sido o mesmo se Cristo não tivesse existido, se Krishna não tivesse existido — não haveria muita diferença. Elimine Buda e algo de tremenda importância fica perdido; mas sua rebelião é muitíssimo invisível, muitíssimo sutil.

Antes de Buda, a busca — a busca religiosa — dizia respeito, basicamente, a Deus: um Deus que estava do lado de fora, um Deus que estava em algum lugar lá em cima, no céu. A busca religiosa também dizia respeito a um objeto de desejo, tanto quanto era a busca mundana.

O homem mundano buscava dinheiro, poder, prestígio; e o homem não-mundano buscava Deus, o céu, a eternidade, a verdade. Mas uma coisa havia em comum: ambos estavam olhando para fora de si mesmos, ambos eram extrovertidos. Lembre-se dessa palavra, porque ela vai ser útil para você compreender Buda.

Antes de Buda, a busca religiosa não estava interessada no interior, mas no exterior. Ela era extrovertida e, quando a busca religiosa é extrovertida, ela não é religiosa. A religião começa somente com a introversão, quando você começa a cavar profundamente dentro de si mesmo.

As pessoas procuraram durante séculos por Deus: Quem é o construtor do universo? Quem é o criador do universo? E há muitos que ainda estão vivendo numa era pré-búdica, que ainda estão fazendo essas perguntas, "Quem é o criador do mundo? Quando ele criou o mundo?". Há algumas pessoas estúpidas que até determinaram o dia, a data e o ano em que Deus criou o mundo. Há teólogos cristãos que dizem que exatamente há quatro mil e quatro anos antes de Jesus Cristo — segunda-feira, 1º de janeiro! — Deus criou o mundo ou começou a criar o mundo; e ele terminou o trabalho no sexto dia. Uma só coisa é verdadeira quanto a isso: ele deve ter terminado o trabalho em seis dias, porque você pode ver a confusão em que o mundo está — trata-se de um trabalho de seis dias! E desde então, ninguém mais ouviu falar dele. No sétimo dia, ele descansou e, desde então, tem continuado a descansar...

Talvez Friedrich Nietzsche esteja certo, ele não está descansando — está morto! Ele não tem demonstrado nenhum interesse. Então, o que aconteceu com sua criação? Parece estar completamente esquecida. Mas os cristãos dizem: "Não, ele não se esqueceu. Olhe! Ele enviou Jesus Cristo, seu primogênito, para salvar o mundo. Ele ainda está interessado". Esse foi o único interesse que ele demonstrou, enviando Jesus Cristo... — mas o mundo não está salvo. Se esse era o propósito ao enviar Jesus Cristo ao mundo, então Jesus fracassou e, por tabela, Deus fracassou — o mundo é o mesmo. E que espécie de interesse era esse — seu mensageiro foi crucificado e Deus não conseguiu fazer nada?

Ainda há muitos vivendo nessa visão de mundo pré-búdica.

Buda mudou toda a dimensão religiosa, ele deu a ela uma virada tão linda! — ele fez perguntas *verdadeiras*. Ele não era metafísico, nunca fez perguntas metafísicas; para ele, a metafísica era pura tolice. Ele foi o primeiro psicólogo que o mundo conheceu, porque baseou sua religião não na filosofia, mas na psicologia. Psicologia, em seu significado original, quer dizer ciência da alma, a ciência do mundo interior.

Buda não perguntou quem criou o mundo. Ele perguntou: "Por que eu estou aqui? Quem sou eu? Quem está me criando?". E não se trata de uma questão do passado — quem me *criou*. Nós estamos sendo criados constantemente. Nossa vida não é como uma coisa criada uma vez e para sempre: ela não é um objeto. Ela é um fenômeno crescente, é um rio fluindo. A cada momento, ela está passando através de um novo território. "Quem está criando a vida, esta energia, esta mente, este corpo, esta consciência que sou eu?" Seu questionamento é totalmente diferente. Ele está transformando a religião da extroversão para a introversão.

A religião extrovertida roga a Deus; a religião introvertida medita. Oração é extroversão; é dirigida a algum Deus invisível. Ele pode estar lá, pode não estar — você não está seguro, não tem certeza; a dúvida vai persistir, fatalmente. Desse modo, toda oração está enraizada, de um modo ou de outro, na dúvida, no medo, na incerteza, na ambição.

A meditação está enraizada no destemor, na desambição. A meditação não está mendigando nada de ninguém, ela não é endereçada a ninguém. Meditação é um estado de silêncio interior. Oração ainda é barulho, você ainda está falando — falando a um Deus que pode não estar lá. Então, ela é insana, neurótica: você está se comportando como um louco. Pessoas loucas ficam falando; não se importam muito se há alguém para ouvi-las ou não. Esse é um sinal seguro de que elas são loucas — imaginam que alguém está ali; não apenas isso, elas quase podem ver o outro. A visualização delas é ótima, a imaginação é muito substancial. Elas são capazes de transformar sombras em substância, imaginação em realidades, ficção em fatos. Para você, elas parecem estar envolvidas num monólogo; para elas mesmas, elas estão envolvidas num diálogo. Você não pode ver quem está presente ali — elas estão sozinhas. Mas elas vêem que alguém está presente.

É devido a esse fato que a psicanálise é muito cautelosa quanto à religião, porque a pessoa religiosa se comporta exatamente como o neurótico. E há muitos psicanalistas que acham que religião nada mais é que uma neurose de massa — e eles são da seguinte opinião: a religião extrovertida é uma neurose de massa.

Mas os psicanalistas ainda não tomaram ciência de Buda. Buda lhes dará um novo *insight* dentro da religião, dentro da verdadeira religião. Não há nenhuma oração, nenhum Deus. A meditação não é um diálogo, nem mesmo um monólogo — meditação é puro silêncio. As pessoas me perguntam: "Qual deveria ser o objeto da meditação?". Elas estão fazendo a pergunta errada, mas eu posso compreender por que a fazem. Elas viveram nas religiões da oração, e a oração não pode existir sem alguém lá para quem rezar. A oração precisa de um objeto de veneração; a oração é uma dependência. Aquele que venera não é independente; é dependente do objeto de sua veneração e tem medo também.

Mas o meditador não tem nenhum objeto. Meditação não quer dizer "meditar sobre algo". A palavra inglesa "meditação" dá uma conotação errada. Em inglês, não há nenhuma palavra para se traduzir a palavra budista *dhyana*. Na verdade, em nenhuma outra língua do mundo há uma palavra que seja absolutamente sinônima de *dhyana*. É por causa disso que, na época em que o budismo chegou à China, não foi possível traduzi-la para o chinês; desse modo, *dhyana* tornou-se *ch'an* — trata-se da mesma palavra. A palavra sâncrita é *dhyana*, mas Buda usou o páli, uma outra língua, a língua compreendida pelas pessoas entre as quais ele vivia. Em páli, *dhyana* tornou-se *jhana*; de *jhana*, ela tornou-se *ch'an* em chinês, e de *ch'an*, tornou-se *zen* em japonês. O chinês não tinha nenhum equivalente, o japonês não tinha nenhum equivalente. Na verdade, nenhuma outra língua tem equivalente, porque nenhuma outra língua deu à luz um homem como Buda. E, sem um Buda, fica impossível dar esse novo significado, essa nova visão, essa nova dimensão.

Em inglês[1], meditação quer dizer "meditar sobre algo"; mas, então, trata-se de pensamento; no máximo, de contemplação. Isso não é meditação. Meditação quer dizer *estar* meditativo, silencioso, pacífico, sem pensamentos na mente, uma consciência sem conteúdo. Esse é o verdadeiro significado de meditação: consciência pura, um espelho refletindo o nada. Quando um espelho não está refletindo nada, isso é meditação.

Buda transformou toda a questão religiosa da metafísica numa grande psicologia, porque ele perguntou: Quais são as causas da minha vida e da minha morte? Ele não está interessado no universo. Ele diz: Temos de começar pelo começo; e qualquer coisa, para ter um sentido de verdade na vida, tem de dizer respeito a *mim mesmo*: Quem sou eu e por que eu sou? Quais são as causas que continuam me criando?

1. Assim como em português. (N.E)

A Estátua de Buda

UM PROJETO PARA O INTERIOR

Os profetas do antigo Oriente foram muito enfáticos ao afirmar que todas as grandes artes — música, poesia, dança, pintura, escultura — originam-se da meditação. Elas são, de algum modo, um esforço para trazer o incognoscível ao mundo do conhecido, àqueles que ainda não estão prontos para a peregrinação — são só presentes para aqueles que não estão prontos para empreender a peregrinação. Talvez uma canção possa desencadear um desejo de sair em busca da fonte, talvez uma estátua...

Na próxima vez em que você entrar num templo de Gautama, o Buda, ou de Mahavira — o mestre dos jainas —, sente-se silenciosamente e olhe para a estátua, porque a estátua foi feita de tal modo, em tais proporções que, se olhar para ela, você entrará em silêncio. Trata-se de uma estátua de meditação; ela não tem nada a ver com Gautama, o Buda, ou Mahavira.

Eis por que todas aquelas estátuas se parecem — Mahavira; Gautama, o Buda; Neminatha; Adinatha; todos os 24 mestres dos jainas... No mesmo templo você encontrará 24 estátuas, todas parecidas, exatamente iguais. Na infância, eu perguntava ao meu pai: "Pode me dizer como é possível que 24 pessoas sejam exatamente iguais? — o mesmo tamanho, o mesmo nariz, o mesmo rosto, o mesmo corpo..."

Ele costumava dizer: "Não sei. Eu mesmo fico espantado de que não haja nem uma diferença mínima. E quase não se ouve falar nisso —

não existem nem duas pessoas no mundo que sejam iguais, o que se dizer de 24!"

Mas, à medida que a minha meditação floresceu, eu descobri a resposta — ela não foi dada por outra pessoa. Eu descobri a resposta. Essas estátuas não têm nada a ver com pessoas. Essas estátuas têm algo a ver com o que estava acontecendo dentro daquelas 24 pessoas, e era exatamente a mesma coisa.

E nós não nos incomodamos com o lado de fora: insistimos que temos de prestar atenção somente no interior. O exterior não tem importância. Um é jovem, outro é velho, um é negro, outro é branco, um é homem, outro é mulher — não importa; o que importa é que, dentro, existe um oceano de silêncio. Nesse estado oceânico, o corpo assume uma certa postura.

Você já observou isso em si mesmo, mas não estava alerta. Quando está com raiva — já observou? —, seu corpo assume uma certa postura. Na raiva, você não consegue manter as mãos abertas. Com a raiva, elas se fecham. Na raiva, você não consegue sorrir — ou consegue? Com uma certa emoção, o corpo tem de seguir uma certa postura. Coisas bem pequenas estão profundamente relacionadas interiormente.

Assim, aquelas estátuas são feitas de tal modo que, se você simplesmente se sentar silenciosamente e observar, e depois fechar os olhos, uma imagem de sombra negativa entra no seu corpo e você começa a sentir algo que você nunca sentiu antes.

Aquelas estátuas e templos não foram construídos para serem adorados; eles foram construídos para proporcionar uma experiência. Eles são laboratórios científicos. Eles não têm nada a ver com religião. Uma certa ciência secreta foi usada durante séculos; assim, as gerações vindouras puderam entrar em contato com as experiências das antigas gerações — não por meio dos livros, não por meio das palavras, mas por meio de algo que vai mais fundo — por meio do silêncio, da meditação, da paz.

Origens dos Sutras

O DAMMAPADA

Essas máximas de Buda são chamadas *Dhammapada*. Esse nome precisa ser compreendido. *Dhamma* significa muitas coisas. Significa a suprema lei, o logos. Por "suprema lei" quer-se dizer aquilo que mantém todo o universo coeso. É algo invisível, intangível — mas certamente está presente; caso contrário, o universo se desintegraria. Um universo tão vasto e infinito, seguindo tão serenamente, tão harmoniosamente, é prova suficiente de que deve haver uma subcorrente que conecta tudo, que junta todas as coisas, que liga todas as coisas — de que não somos ilhas, de que a menor folha de grama está ligada à maior das estrelas. Destrua uma pequena folha de grama e você destruiu algo de imenso valor para a própria existência.

Na existência, não há nenhuma hierarquia, não há nada melhor e nada maior. A maior estrela e a menor folha de grama, ambas, existem como iguais. Daí, o outro significado da palavra *dhamma*. O outro significado é "justiça", a igualdade, a existência não-hierárquica. A existência é absolutamente comunista; ela não conhece classes, ela é um todo só. Daí o outro significado da palavra *dhamma* — justiça.

E o terceiro significado é retidão, virtude. A existência é muito virtuosa. Mesmo que você encontre algo que não possa chamar de virtude, deve ser por causa da sua incompreensão, pois a existência é absolutamente virtuosa. Seja o que for que aconteça, sempre acontece acertadamente. O errado nunca acontece. Pode parecer errado para você, porque você tem uma certa idéia do que é certo, mas quando você olha sem nenhum preconceito, nada é errado, tudo está certo. Nascimento é certo, morte é certo. Beleza é certo e feiúra é certo.

Mas nossa mente é pequena, nossa compreensão é limitada; não podemos ver o todo, sempre vemos somente uma pequena parte. Somos como uma pessoa escondida atrás da porta e que olha para a rua através do buraco da fechadura. Ela sempre vê coisas... sim, alguém está se movendo, um carro passa de repente. Num momento não estava lá, no outro momento está ali e, em seguida, vai embora para sempre. É assim que estamos olhando para a existência. Dizemos que algo está no futuro, então entra no presente e, em seguida, vai para o passado.

Na verdade, o tempo é uma invenção humana. Ele é sempre agora! A existência não conhece nenhum passado, nenhum futuro — ela conhece somente o presente.

Mas nós estamos sentados atrás de um buraco de fechadura, espiando. Uma pessoa não está presente; depois, de repente, aparece; e depois, de repente, assim como apareceu, desaparece outra vez. Então, você tem de criar o tempo. Antes de a pessoa aparecer, ela estava no futuro. Então, ela apareceu; agora está no presente — mas ela é a mesma! E, de repente, você não pode vê-la nunca mais através do buraquinho da fechadura — ela tornou-se passado. Nada é passado, nada é futuro — tudo é sempre presente. Mas nossos modos de ver são muito limitados.

Desse modo, continuamos a perguntar por que existe miséria no mundo, por que existe isto e aquilo... Por quê? Se pudéssemos olhar para o todo, todos esses "porquês" desapareceriam. E para olhar para o todo, você terá de sair do seu quarto, você terá de abrir a porta... — você terá de abandonar essa visão de buraco de fechadura.

Eis o que é a mente: um buraco de fechadura, e um buraco de fechadura bem pequeno. Comparado com o vasto universo, o que são os nossos olhos, ouvidos e mãos? O que podemos abarcar? Nada de muita importância. E ficamos muito apegados àqueles diminutos fragmentos de verdade.

Se você vir o todo, tudo é como deveria ser — esse é o significado de "tudo está certo". O errado não existe. Somente Deus existe; o Demônio é criação do homem.

O terceiro significado de *dhamma* pode ser "Deus" — mas Buda jamais usa a palavra "deus", porque ela ficou erradamente associada com a idéia de uma pessoa, e a Lei é uma presença, não uma pessoa. Desse modo, Buda jamais usa a palavra "deus", mas sempre que ele quer transmitir algo de Deus, ele usa a palavra *dhamma*. A mente de Buda é a de um cientista muito profundo. Por causa disso, muitos chegaram a pensar que ele era ateu. Ele não é. Ele é o maior teísta que o mundo já conheceu ou conhecerá — mas ele nunca fala sobre Deus. Ele nunca usa a palavra, eis tudo. Mas, por *dhamma*, ele quer dizer exatamente o mesmo. "Aquilo que é" é o significado da palavra "deus", e esse é exatamente o significado de *dhamma*.

Dhamma também significa "disciplina" — diferentes dimensões da palavra. A pessoa que quer saber a verdade terá de disciplinar-se de muitos modos. Não se esqueça do significado da palavra "disciplina" — ela simplesmente quer dizer a capacidade de aprender, a disponibilidade para aprender, a receptividade para aprender. Daí a palavra "discípulo". "Discípulo" quer dizer "aquele que está pronto para abandonar seus antigos preconceitos", para deixar a mente de lado e olhar para a questão sem nenhum preconceito, sem nenhum conceito *a priori*.

E *dhamma* também quer dizer verdade suprema. Quando a mente desaparece, quando o ego desaparece, o que permanece? Algo certamente permanece, mas isso não pode ser chamado de "algo" — assim, Buda o chama de "nada". Mas deixe-me lembrar-lhe, caso contrário, você compreenderá mal: sempre que ele usa a palavra "nada", ele quer dizer "não-coisa". Divida a palavra em duas: não a use como uma só palavra — use um hífen entre "não" e "coisa", então você saberá exatamente o significado de "nada".

A lei suprema não é uma coisa. Não é um objeto que você possa observar. Trata-se da sua interioridade; é subjetividade.

Buda teria concordado totalmente com o pensador dinamarquês Sören Kierkegaard. Ele diz: Verdade é subjetividade — eis a diferença entre fato e verdade. Um fato é algo objetivo. A ciência continua buscando cada vez mais fatos, e a ciência nunca chegará à verdade — ela não pode, pela própria definição da palavra. A verdade é a interioridade do cientista, mas ele nunca olha para ela. Ele continua observando outras coisas. Ele nunca fica ciente do seu próprio ser.

Este é o último significado de *dhamma*: sua interioridade, sua subjetividade, sua verdade.

Uma coisa muito significativa — deixe que ela penetre fundo no seu coração: a verdade jamais é uma teoria, uma hipótese; ela é sempre uma experiência. Desse modo, minha verdade não pode ser a sua verdade. Minha verdade é, inescapavelmente, minha verdade; ela continuará sendo minha verdade, não pode ser a sua. Nós não a compartilhamos. A verdade não pode ser compartilhada, ela é intransferível, incomunicável, inexprimível.

Eu posso explicar a você como eu cheguei a ela, mas eu não posso dizer o que ela é. O "como" é explicável, mas não o "porquê". A disciplina pode ser mostrada, mas não o alvo final. Cada um tem de chegar a ele do seu próprio modo. Cada um tem de chegar a ele no seu próprio ser interior. Na absoluta solitude, ele é revelado.

E a segunda palavra é *pada*. *Pada* também tem muitos significados. Um deles, o significado mais fundamental, é "caminho". A religião tem duas dimensões: a dimensão do "o que" e a dimensão do "como". Sobre o "o que", nada se pode falar — é impossível. Mas do "como", pode-se falar, o "como" pode ser compartilhado. Esse é o significado de "caminho". Eu posso indicar o caminho a você, posso lhe mostrar como eu viajei, como eu cheguei aos picos ensolarados. Posso lhe contar sobre toda a sua geografia, toda a sua topografia. Eu posso lhe dar um mapa topográfico, mas eu não posso dizer como é estar nos picos ensolarados.

É como você perguntar a Edmund Hillary ou a Tensing como eles chegaram ao pico mais alto do Himalaia, Gourishankar. Eles podem lhe dar todo o mapa de como chegaram lá. Mas, se você lhes perguntar o que eles sentiram quando chegaram lá, eles podem somente dar de ombros. Aquela liberdade que eles devem ter sentido é indizível — a beleza, a bênção, o vasto céu, a altura e o colorido das nuvens, o sol e o ar puro, a neve virgem na qual ninguém tinha pisado antes... — tudo isso é impossível transmitir. A pessoa tem de alcançar aqueles picos ensolarados para saber como é.

Pada quer dizer "caminho". *Pada* também quer dizer "passo" — base, fundação. Todos esses significados são expressivos. Você tem de sair de onde você está. Você tem de se tornar um grande processo, um crescimento. As pessoas tornaram-se poços estagnados; elas têm de se tornar rios, porque somente os rios chegam no oceano. E também quer dizer fundação, porque é a verdade fundamental da vida. Sem *dhamma*, sem relacionar-se de algum modo com a verdade suprema, sua vida não tem nenhuma fundação, nenhum sentido, nenhuma significância, ela não pode ter nenhuma glória. Ela será um exercício de completa futilidade. Se você não está ligado com o todo, você não pode ter nenhum significado próprio. Você continuará sendo um errante — à mercê dos ventos, sem saber aonde está indo e sem saber quem você é. A busca pela verdade, a apaixonada busca pela verdade, cria a ponte, dá a você uma fundação.

Esses sutras que compõem o *Dhammapada* precisam ser compreendidos não intelectualmente, mas existencialmente. Torne-se como uma esponja: deixe-se encharcar, deixe que cada sutra penetre em você. Não fique aí sentado julgando — caso contrário, você perderá o buda. Não fique sentado tagarelando incessantemente em sua mente, sobre se ele está certo ou errado — você perderá o x da questão. Não se incomode se está certo ou errado.

A primeira coisa, a mais básica, é compreender o que ele é — o que Buda está dizendo, o que Buda está tentando dizer. Não há nenhuma necessidade de julgar neste exato momento. E a beleza disso é que, se você compreender exatamente o seu significado, você ficará convencido de sua verdade, você conhecerá sua verdade. A verdade tem seus próprios meios de convencer as pessoas: ela não precisa de nenhuma outra prova. A verdade jamais argumenta. Ela é uma canção, não um silogismo.

As Cartas

[1] ELE OBSERVA, ELE TEM CLAREZA

O tolo dorme como se já estivesse morto,
mas o mestre está acordado e vive para sempre.
Ele observa. Ele tem clareza.

A consciência é eterna, não conhece a morte. Somente a inconsciência morre. Assim, se você continuar inconsciente, adormecido, terá de morrer novamente. Se você quiser sair de todo esse sofrimento de nascer e morrer repetidamente, se você quiser sair da roda de nascimento e morte, terá de ficar absolutamente alerta. Você terá de alcançar pontos cada vez mais elevados dentro da consciência.

E essas coisas não são para serem aceitas em termos intelectuais: essas coisas têm de ser experienciais, essas coisas têm de se tornar existenciais. Eu não estou lhes dizendo para se convencer do ponto de vista filosófico, porque as convicções filosóficas não trazem nada, nenhuma colheita. A verdadeira colheita vem somente quando você faz um grande esforço para acordar a si mesmo.

Mas esses mapas intelectuais podem criar um desejo, um anseio profundo em você; podem torná-lo ciente do potencial, do possível. Podem torná-lo ciente de que você não é o que aparenta ser — você é muito mais.

O tolo dorme como se já estivesse morto,
mas o mestre está acordado e vive para sempre.
Ele observa.
Ele tem clareza.

Afirmações simples e belas. A verdade é sempre simples e sempre bela. Basta ver a simplicidade dessas duas afirmações...mas quanto elas contêm! — palavras dentro de palavras, infinitas palavras. *Ele observa. Ele tem clareza.*

A única coisa que tem de ser aprendida é a observação. Observe!

Observe cada ato seu. Observe cada pensamento que passa em sua mente. Observe cada desejo que toma posse de você. Observe cada pequeno gesto — andando, falando, comendo, tomando banho. Continue observando tudo. Deixe tudo se tornar uma oportunidade para observar.

[2] VELOZ COMO UM CAVALO DE CORRIDA

Atento entre os desatentos,
acordado enquanto os outros sonham,
veloz como um cavalo de corrida
ele deixa o campo para trás.

O sono tem de ser interrompido — e, depois de interrompido, não existe alguém que tenha despertado; só existe o despertar. Não existe alguém iluminado; só a iluminação. A pessoa iluminada não pode dizer "eu"; mesmo que ela use essa palavra, será apenas uma expressão verbal, que tem de ser usada por causa da sociedade. Trata-se só de uma regra de linguagem; fora isso, ela não tem esse sentimento de "Eu".

O mundo das coisas desaparece — e então o que acontece? Quando o mundo das coisas desaparece, seu apego pelas coisas acaba, sua obsessão por elas acaba. Não que as próprias coisas desapareçam; pelo contrário, pela primeira vez elas parecem como são de verdade. Só que você já não está preso a elas, tão obcecado; você já não está deturpando a realidade com seus próprios desejos, esperanças e frustrações. O mundo então deixa de ser uma tela onde os seus desejos são projetados. Quando não existe mais desejo, o mundo continua existindo, mas passa a ser um mundo completamente novo. Um mundo diferente, colorido, bonito! Mas a mente apegada às coisas não consegue ver esse mundo, porque os olhos estão fechados pelo apego.

Um mundo totalmente novo irrompe quando a mente desaparece, quando os pensamentos desaparecem. Não que você fique desatento, desligado — pelo contrário, você fica mais alerta. Buda usa, o tempo todo, o termo "atenção correta". Quando a mente desaparece e o mesmo acontece com os pensamentos, sua atenção aumenta. Você faz as coisas — anda, trabalha, come, dorme —, mas vive sempre absolutamente atento. A mente não está presente, mas a atenção está. O que é atenção plena? É consciência. É perfeita consciência.

[3] PENSAMENTOS ERRANTES

Assim como o arqueiro apara e afia sua flecha,
o mestre corrige seus pensamentos errantes.

Há uma famosa parábola tibetana:

Um homem serviu a um mestre durante muitos e muitos anos. O serviço não era puro: havia uma motivação nele. Ele queria um segredo do mestre — o segredo de como fazer milagres. Com esse desejo oculto, o homem estava servindo ao mestre dia após dia. Ele tinha medo de dizer qualquer coisa sobre o seu motivo, mas o mestre o estava observando continuamente.

Certo dia, o mestre lhe disse:

— É melhor que você, por favor, deixe a sua mente falar, porque eu estou continuamente vendo um motivo em todo o serviço que você me presta. Ele não é feito por amor; certamente, não é por amor. Eu não vejo nenhum amor no que você faz. E não vejo nenhuma humildade. É uma espécie de suborno. Assim, por favor, diga-me: o que você quer?

O homem estava esperando por aquela oportunidade. Ele disse:

— Eu quero o segredo de fazer milagres.

— Então, por que você perdeu tanto tempo? — respondeu o mestre. — Você poderia ter-me dito no primeiro dia em que chegou. Você se torturou e me torturou também, porque eu não gosto de ter pessoas que têm motivos ao meu redor. Elas são feias de se ver. Elas basicamente são gananciosas, e a ganância as torna feias. O segredo é simples... Por que você não me pediu no primeiro dia? Este é o segredo....

Ele escreveu um pequeno mantra num pedaço de papel, apenas três linhas: *"Buddham sharanam gachchhami. Sangham sharanam gachchhami. Dhammam sharanam gachchhami"*. Isso quer dizer: "Eu vou aos pés de Buda; eu vou aos pés da comunidade de Buda; eu vou aos pés de *dhamma*, da lei suprema".

E o mestre disse ao homem:

— Leve este pequeno mantra com você, repita-o cinco vezes — apenas cinco vezes. É um processo simples. Basta lembrar-se de uma condição enquanto o estiver repetindo: tome um banho, feche a porta, sente-se silenciosamente — e, enquanto estiver repetindo o mantra, não pense em macacos.

— Que absurdo é esse que você está dizendo? — disse o homem. — Em primeiro lugar, por que eu pensaria em macacos? Jamais prestei atenção em macacos em toda a minha vida!

— Isso fica por sua conta, mas eu tenho de lhe falar sobre a condição. Foi assim que o mantra me foi transmitido, com essa condição. Se você nunca pensou em macacos, tanto melhor. Agora vá para casa e, por favor, não volte nunca mais. Você tem o segredo, sabe a condição. Aceite a condição e você terá poderes miraculosos; seja o que for que queira fazer, você é capaz. Você pode voar no céu, pode ler os pensamentos das pessoas, pode materializar coisas e assim por diante.

O homem correu para casa; ele até se esqueceu de agradecer ao mestre. É assim que a ganância funciona: ela não sabe o que é agradecimento, não sabe o que é gratidão. A ganância é absolutamente inconsciente da gratidão — ela nunca se deparou com ela. A ganância é um ladrão, e os ladrões não agradecem às pessoas.

O homem saiu correndo, mas ficou muito intrigado: mesmo no caminho para casa, os macacos começaram a aparecer em sua cabeça. Ele viu muitas espécies de macacos, pequenos e grandes, e de boca vermelha e de boca preta. E ele ficou muito intrigado, "O que está acontecendo?" Na verdade, ele não estava pensando em nada mais além de macacos. E eles estavam se tornando cada vez maiores e se amontoando todos ao redor.

Ele foi para casa, tomou um banho. Mas os macacos não o deixavam. Então ele começou a suspeitar que eles não iriam deixá-lo enquanto ele estivesse entoando o mantra. Ele nem tinha entoado o mantra ainda, ele estava simplesmente se preparando. E, quando ele fechou as portas, a sala estava cheia de macacos — ela estava tão lotada que não havia nem espaço para ele mesmo! O homem fechou os olhos e lá estavam os macacos, ele abria os olhos e lá estavam os macacos. Ele não podia acreditar no que estava acontecendo. A noite toda ele tentou. Tomava banho e depois tentava e fracassava; e fracassava completamente.

De manhã, ele foi ao mestre, devolveu o mantra e disse:

— Guarde esse mantra com você. Isso está me levando à loucura! Não quero mais fazer nenhum milagre. Mas, por favor, me ajude a me livrar desses macacos!

É tão impossível se livrar de um único pensamento! E se você quiser se livrar dele, a coisa se torna até mais difícil, porque, quando você quer se livrar de um pensamento é um momento muito decisivo — afinal, quem é o mestre, a mente ou você? A mente tentará de todo modo possível provar que ela é o mestre e *não* você.

O mestre tem sido um escravo durante séculos, e o escravo tem sido o mestre durante milhões de vidas. Agora, o escravo não consegue abrir mão de todos os seus privilégios e prioridades tão facilmente. Ele vai lhe oferecer grande resistência.

Experimente! Hoje, tome um banho, feche a porta e repita este mantra simples: *Buddham sharanam gachchhami. Sangham sharanam gachchhami. Dhammam sharanam gachchhami* — e não deixe os macacos chegarem até você...

Você ri do pobre homem!? Você ficará surpreso: você é aquele homem.

[4] SOMENTE O AMOR DISSIPA O ÓDIO

Neste mundo
o ódio jamais dissipou o ódio.
Somente o amor dissipa o ódio.
Essa é a lei, ancestral e inexaurível.

Algo de profunda importância: o ódio existe com o passado e o futuro. O amor não precisa de nenhum passado, de nenhum futuro. O amor existe no presente. O ódio tem uma referência no passado: alguém o tratou mal ontem e você está carregando isso como uma ferida, como uma ressaca. Ou você teme que alguém o trate mal amanhã — um medo, uma sombra de medo e você já começa a se aprontar, a se preparar para se deparar com isso.

O ódio existe no passado e no futuro. Você não pode odiar no presente — tente, e você se verá completamente impotente. Tente hoje: sente-se silenciosamente e odeie alguém no presente, sem nenhuma referência ao passado ou ao futuro — você não consegue! Isso não pode ser feito. Pela própria natureza das coisas, é impossível. O ódio só pode existir se você se lembrar do passado. Esse homem lhe fez alguma coisa ontem — então, o ódio é possível; ou este homem vai lhe fazer alguma coisa amanhã — então o ódio também é possível. Mas se você não tem nenhuma referência ao passado ou ao futuro — esse homem não lhe fez

nada e não vai lhe fazer nada, ele está apenas sentado ali... — como você pode odiar?

Mas você pode amar. O amor não precisa de nenhuma referência: eis a beleza e a liberdade do amor. O ódio é um cativeiro, o ódio é um aprisionamento — imposto sobre você por você mesmo! E o ódio cria ódio, o ódio provoca ódio. Se você odeia alguém, você está criando ódio por você no coração daquela pessoa. E o mundo todo existe no ódio, na destrutividade, na violência, no ciúme, na competitividade. As pessoas estão apertando a garganta umas das outras — ou na realidade, verdadeiramente, em suas atitudes, ou pelo menos em suas mentes, em seus pensamentos, todos estão assassinando e matando. Eis por que fizemos um inferno desta linda terra — que poderia ter se tornado um paraíso.

Ame e a terra se torna um paraíso novamente. E a imensa beleza do amor é que ele não tem nenhuma referência. O amor vem a você sem motivo nenhum. Ele é sua bem-aventurança transbordante, ele é o compartilhar do seu coração. Ele é o compartilhar da canção do seu ser. E compartilhar é tamanha alegria! Por isso a pessoa compartilha. Compartilha pela graça do compartilhar, por nenhum outro motivo.

[5] COMO VOCÊ PODE BRIGAR?

Você também irá desaparecer.
Sabendo disso, como você pode brigar?

Aes dhammo sanantano — Buda repete isso várias e várias vezes — "esta é a lei eterna". O que é a lei eterna? Somente o amor dissipa o ódio, somente a luz dissipa a escuridão. Por quê? Porque a escuridão em si é apenas um estado negativo; não tem nenhuma existência positiva por si só. Ela não existe de fato — como você pode dissipá-la? Você não pode fazer nada, diretamente, à escuridão. Se você quiser fazer algo à escuridão, você tem de fazer algo com a luz. Traga a luz e a escuridão desaparece, tire a luz e a escuridão aparece. Mas você não pode trazer ou afastar a escuridão diretamente — você não pode fazer nada com a escuridão. Lembre-se: você, da mesma forma, não pode fazer coisa alguma com o ódio.

E essa é a diferença entre os professores de moral e os místicos religiosos: os professores de moral continuam propondo a falsa lei. Eles continuam propondo: "Lute contra a escuridão — lute contra o ódio, lute contra a raiva, lute contra o sexo, lute contra isto, lute contra aquilo!". Toda a abordagem deles é "lute contra o negativo", enquanto o mestre real, verdadeiro, ensina-lhe a lei positiva, *aes dhammo sanantano* — a lei eterna: "Não lute contra a escuridão". E o ódio é escuridão, e o sexo é escuridão, e o ciúme é escuridão, e a ganância é escuridão e a raiva é escuridão.

Traga a luz...

Como se traz a luz? Torne-se silencioso, sem pensamentos, consciente, alerta, ciente, desperto — é assim que se traz a luz. E, no momento em que você fica alerta, consciente, o ódio não vai existir mais. Tente odiar alguém com consciência...

Esses são experimentos para serem feitos, não simplesmente palavras para serem compreendidas — são experimentos para serem feitos.

Eis por que eu digo para não tentarem compreender apenas intelectualmente: tornem-se experimentadores existenciais. Tente odiar alguém conscientemente e você descobrirá que é impossível. Ou a consciência desaparece e, então, você pode odiar; ou, se você estiver consciente, o ódio desaparece. Os dois não podem existir juntos.

[6] ALÉM DOS JULGAMENTOS

A mente além dos julgamentos
observa e compreende.

Não considere o que é certo e o que é errado, porque, se você considerar o que é certo e o que é errado, você ficará dividido, você se tornará um hipócrita. Você fingirá o certo e fará o errado. E, no momento em que você considera o que é certo e o que é errado, você fica preso, você se torna identificado. Você certamente fica identificado com o certo.

Por exemplo: você vê uma nota de cem dólares na beira da calçada; ela pode ter caído do bolso de alguém. Então surge a questão: pegá-la ou não pegá-la? Uma parte sua diz: "Está perfeitamente certo pegá-la. Ninguém está olhando, ninguém nem mesmo suspeitará. E você não está furtando — ela está bem ali! Se você não a pegar, outra pessoa irá pegá-la de qualquer modo. Assim, por que perdê-la? Está perfeitamente certo!".

Mas uma outra parte diz: "Isso está errado — este dinheiro não lhe pertence, não é seu. De certo modo, de um modo indireto, é um furto. Você deve informar à polícia, ou, se você não quer se incomodar com isso, então, siga adiante e esqueça. Nem ao menos olhe para trás. Isso é ganância, e ganância é pecado!"

Agora, essas duas mentes estão presentes. Uma diz "está certo, pegue-a", a outra diz "está errado, não a pegue". Com qual das duas você vai se identificar? Você vai certamente se identificar com a mente que diz que é imoral, porque isso satisfaz mais o ego: "Você é uma pessoa moral, você não é qualquer um; outra pessoa qualquer teria ficado com a nota de cem dólares. Nesses tempos difíceis, as pessoas não pensam em tais delicadezas". Você se identificará com a mente moral. Mas há toda possibilidade de você pegar o dinheiro. Você se identificará com a mente moral e se desidentificará da mente que vai pegar o dinheiro. Lá no fun-

do você a condenará. Você dirá: "Isso não está certo — é o pecador em mim, a parte mais baixa, a parte condenada". Você se manterá distante da coisa. Você dirá: "Eu era contra isso. Foi meu instinto, foi meu inconsciente, foi meu corpo, foi minha mente que me persuadiu, pois eu sabia que era errado. Eu sou aquele que sabe que aquilo foi errado".

Você sempre se identifica com o certo, com a atitude moral, e se desidentifica do ato imoral — embora o faça! É assim que a hipocrisia surge.

Ir além dos julgamentos de bom e ruim é o caminho da observação. E é através da observação que a transformação acontece. Essa é a diferença entre moralidade e consciência. A moralidade diz: "Escolha o certo e rejeite o errado. Escolha o bom e rejeite o ruim". A consciência diz: "Simplesmente observe os dois. Não escolha nada. Permaneça na consciência sem escolha".

[7] UM TOLO DE FATO

O tolo que sabe que é tolo,
é o mais sábio.
O tolo que pensa que é sábio,
é um tolo de fato.

O tolo está sempre interessado numa única coisa: seu ego. Qualquer coisa que nutra seu ego é boa — qualquer coisa! — e ele está pronto para se apegar a isso. O tolo se apega até mesmo à miséria, porque ela é a *sua* miséria. Ele vai acumulando seja o que for que possa acumular, porque o tolo não tem nenhuma idéia do seu reino interior, dos seus tesouros interiores. Ele vai acumulando lixo, porque ele acha que aquilo é tudo o que pode ser possuído. Lixo externo e lixo interno — eis o que as pessoas vão juntando. Coisas são lixos externos, pensamentos são lixos internos; e você está afogado no seu lixo.

Dê uma olhada, uma olhada desapaixonada, desapegada, na sua vida, com o que você fez com ela e o que você conseguiu com tudo isso. E não tente se enganar, porque é isso o que a mente vem fazendo.

A menos que você tenha algo que possa levar além da morte, lembre-se, você não tem nada, suas mãos estão vazias. A menos que você tenha algo imortal, eterno, você é um tolo.

[8] NEM APLAUSO NEM REPROVAÇÃO

O vento não estremece uma montanha.
Nem elogios nem censuras movem o homem sábio.

Ser sábio não é ser instruído. "Ser sábio" quer dizer "dar-se conta de algo da sua consciência" — primeiramente, dentro e, depois, fora: sentir a pulsação da vida dentro de você e, depois, fora. Para perceber essa consciência misteriosa que você é, primeiramente é preciso vivê-la no âmago mais íntimo do próprio ser, porque essa é a porta mais próxima da consciência universal.

Uma vez que você a tenha conhecido dentro, não é difícil conhecê-la fora. Mas lembre-se: o sábio jamais acumula conhecimento — sua sabedoria é espontânea. O conhecimento sempre pertence ao passado, a sabedoria pertence ao presente.

Lembre-se dessas distinções. A menos que você compreenda muito claramente a diferença entre conhecimento e sabedoria, você não será capaz de compreender esses sutras de Gautama, o Buda. E eles são tremendamente importantes.

O conhecimento satisfaz o ego; a sabedoria destrói o ego completamente — por isso as pessoas buscam conhecimento. É muito raro encontrar um buscador que não esteja interessado em conhecimento, mas que esteja comprometido com a sabedoria. "Conhecimento" quer dizer "teorias sobre a verdade"; "sabedoria" quer dizer "a verdade em si". "Conhecimento" quer dizer "de segunda mão"; "sabedoria" quer dizer "de primeira mão". "Conhecimento" quer dizer "crença". E todas as crenças são falsas! Nenhuma crença jamais é verdadeira. Mesmo que você creia na palavra de Buda, no momento em que você crê, ela vira uma mentira.

Não se pode "acreditar" na verdade: ou você conhece ou você não conhece. Se você conhece, não há nenhuma questão de crença; se você não conhece, novamente não há nenhuma questão de crença. Se você conhece, você conhece; se você não conhece, não conhece.

Crença é uma projeção da mente trapaceira — ela lhe dá a sensação de saber, sem saber. Você pode facilmente acreditar em Deus, você pode facilmente acreditar na imortalidade da alma, você pode facilmente acreditar na teoria da reencarnação. Na verdade, essas coisas ficam simplesmente na superfície: lá no fundo, você não é afetado por elas, de modo algum. Quando a morte bater à sua porta, você saberá que suas crenças todas desapareceram. A crença na imortalidade da alma não o ajudará quando a morte bater à sua porta — você vai lamentar e chorar e irá se apegar à vida. Quando a morte chega, você se esquece de tudo sobre Deus; você não será capaz de se lembrar das complicadas implicações da teoria da reencarnação. Quando a morte bate à porta, ela derruba toda a estrutura de conhecimento que você construiu ao seu redor. Ela o deixa absolutamente vazio... — e com a consciência de que toda a vida foi um desperdício.

Sabedoria é um fenômeno totalmente diferente. Trata-se de uma experiência, não de uma crença. Ela é experiência existencial, não é "sobre". Você não acredita em Deus — você *conhece* Deus. Você não acredita na imortalidade da alma, você a *saboreou*. Você não acredita em reencarnação — você se lembra de que teve muitos corpos: de que foi uma pedra, de que foi uma árvore, de que foi animais, pássaros, de que foi um homem, uma mulher... de que você viveu em tantas formas! Você vê que somente a superfície muda: o essencial é eterno.

Isso é ver, não acreditar. E todos os mestres verdadeiros estão interessados em ajudá-lo a ver, não a torná-lo crente. Para acreditar, você se torna um cristão, um hindu, um muçulmano. A crença é a profissão do sacerdote.

A sabedoria surge dentro de você, ela não é uma escritura. Você começa a ler sua própria consciência — e lá estão escondidas todas as *Bíblias* e todos os *Gitas* e todos os *Dhammapadas*.

[9] INTOCADO, DESAPEGADO

Felicidade ou tristeza —
seja o que for que lhe aconteça,
siga em frente,
intocado, desapegado.

Será de grande importância se algum dia, no futuro, começarmos a mudar os padrões das nossas línguas, porque elas estão profundamente enraizadas na ignorância. Quando você sente fome, imediatamente diz: "Estou com fome!" Isso cria uma identificação e lhe dá uma sensação como se *você* estivesse com fome. Você não está. A língua deveria ser tal que não lhe deixasse ter essa noção errada — "Eu estou com fome!". Na realidade, o caso é que você está observando que *o corpo* está com fome — você está observando o fato de que o estômago está vazio, que ele deseja comida — mas ele não é você. Você é o observador. Você é sempre o observador, você jamais é o agente. Você permanece sempre como um observador bem distante.

Fique cada vez mais e mais enraizado na observação — eis o que Buda chama de *vipâssana*, um profundo discernimento interior. Simplesmente ver com os olhos internos o que quer que aconteça, e permanecer intocado, desapegado.

Um guerreiro indígena dos velhos tempos, bastante robusto, chegou cambaleando de volta ao acampamento, com sete flechas enfiadas no peito e nas pernas. Um médico examinou-o e comentou:

— Vigor espantoso. Elas não machucam?

O veterano resmungou:

— Só quando eu rio.

Na verdade, elas não deveriam ferir nem assim — e elas não ferem um buda. Não que, se você flechar um buda, não vá criar um ferimento — a ferida está ali. Ele pode sentir até mais do que você, porque a sensibilidade de um buda é máxima — você é insensível, obtuso, meio morto. Os cientistas dizem que as pessoas só deixam que dois por cento das informações cheguem até elas; noventa e oito por cento fica fora de você, seus sentidos não permitem que entre. Somente dois por cento do mundo alcança você: noventa e oito por cento do mundo fica excluído. Para o buda, cem por cento do mundo está acessível; assim, quando uma flecha atinge um buda, ela fere cem por cento. Para você, ela fere somente dois por cento.

Mas há uma grande diferença: o buda é um observador. Ela fere, mas não *o* fere. Ele observa como se aquilo estivesse acontecendo a outra pessoa. Ele sente compaixão pelo corpo — ele sente compaixão, tem compaixão por seu corpo — mas sabe que ele não é o corpo. O corpo é um belo serviçal, uma casa muito boa para morar! O buda cuida dele, mas permanece distante.

Mesmo quando o corpo está morrendo, o buda continua observando que o corpo está morrendo. Sua observação permanece até o último suspiro. O corpo morre e o buda continua observando que o corpo morreu. Se a pessoa consegue observar até esse ponto, ela transcende a morte.

[10] NA FLORESTA VAZIA

Mesmo na floresta vazia
ele encontra alegria,
porque ele não quer nada.

Todos os grandes valores da vida crescem no clima de liberdade; desse modo, a liberdade é o valor mais fundamental e também o mais elevado pináculo. Se você quer compreender Buda, terá de saborear algo da liberdade da qual ele está falando.

A liberdade dele não está do lado de fora. Ela não é social, ela não é política, ela não é econômica. Sua liberdade é espiritual. Por "liberdade" ele quer dizer "um estado de consciência livre de qualquer desejo", desembaraçado de qualquer desejo, não-prisioneiro de qualquer ganância, de qualquer anseio por mais. Por "liberdade", ele quer dizer "uma consciência sem mente", um estado de não-mente. A mente está completamente vazia, porque, se houver algo, isso impedirá a liberdade; por isso o completo vazio.

Essa palavra "vazio" — *shunyata* — tem sido muito mal compreendida pelas pessoas, porque a palavra tem uma conotação negativa. Quando ouvimos a palavra "vazio", pensamos em alguma coisa negativa. Na linguagem de Buda, o vazio não é negativo; o vazio é absolutamente positivo, mais positivo do que sua suposta plenitude, porque o vazio está cheio de liberdade: todo o resto foi removido. Ele é espaçoso — todas as fronteiras foram abandonadas. Ele não tem fronteiras — e somente num espaço sem fronteiras a liberdade é possível. O vazio de Buda não é o vazio comum, ele não é apenas ausência de algo; é a presença de algo invisível.

Por exemplo, quando você esvazia seu quarto. À medida que você remove a mobília, os quadros e as coisas que existem lá dentro, o espaço se torna vazio por um lado; mas, por outro lado, algo invisível começa a preenchê-lo. Essa invisibilidade é "espacialidade", amplidão; o quarto fica maior. À medida que você remove as coisas, o espaço vai se tornando cada vez maior e maior. Quando tudo é removido, até as paredes, então o espaço fica tão amplo quanto o céu.

Esse é todo o processo de meditação: remover tudo; remover-se tão totalmente a ponto de não sobrar nada — nem mesmo você. Nesse completo silêncio está a liberdade. Nessa completa quietude cresce o lótus de mil pétalas da liberdade. E uma deliciosa fragrância é liberada: a fragrância da paz, da compaixão, do amor, da bem-aventurança.

[11] PALAVRAS VAZIAS

Melhor do que mil palavras vazias
é uma só palavra que traga paz.

Uma história famosa:

Certa noite, um grande filósofo alemão, o professor Von Kochenbach, viu duas portas num sonho: uma que conduzia diretamente ao amor e ao paraíso e outra que levava a um auditório onde se fazia uma palestra sobre o amor e o paraíso. Não houve nenhuma hesitação da parte de Von Kochenbach — ele voou para ouvir a palestra.

A história faz sentido. É fictícia, mas não tão fictícia assim. Ela representa a mente humana: a mente está mais interessada no conhecimento do que na sabedoria, está mais interessada em informação do que em transformação. Ela está mais interessada em saber *sobre* a beleza, a verdade e o amor do que em *sentir* a beleza, a verdade e o amor.

Na superfície parece lógico: primeiro a pessoa tem de se familiarizar com o que é o paraíso; somente então, ela pode entrar no paraíso. Primeiro, você tem de ter um mapa. Isso parece lógico, mas ainda assim é estúpido: lógico somente na aparência, mas no fundo completamente não-inteligente.

O amor não precisa que você tenha informação sobre ele, porque ele não é uma coisa externa a você, ele é o próprio âmago do seu ser. Você já o tem, você tem somente de permitir que ele flua. O paraíso não está em algum lugar lá fora, de modo que você precise de um mapa para chegar lá. Você está no paraíso, só que caiu no sono. Tudo o que é preciso é um despertar.

O despertar pode ser imediato, o despertar pode ser repentino — na verdade, o despertar só pode ser repentino. Quando você acorda alguém, a pessoa não acorda devagar, devagarzinho, em partes, gradualmente. Ela não fica dez por cento acordada, então vinte, depois trinta, depois quarenta, noventa e nove vírgula nove e, então, cem por cento — não. Quando você sacode uma pessoa dormindo, ela acorda imediatamente. Ou a pessoa está dormindo ou está acordada; não há nenhum entremeio.

Mas as pessoas ficam presas às palavras — palavras que são vazias, palavras que não carregam nenhum sentido, palavras que não têm nenhum significado, palavras que têm sido proferidas por pessoas que são tão ignorantes quanto você. Talvez elas sejam instruídas, mas a instrução não dissipa a ignorância. Saber sobre a luz não vai dissipar a escuridão. Você pode saber tudo o que esteja disponível no mundo sobre a luz; você pode ter uma biblioteca na sua sala, composta apenas de livros sobre a luz, e ainda assim toda essa biblioteca não será capaz de dissipar a escuridão. Para dispersar a escuridão, você precisará de uma pequena vela — isso fará o milagre.

[12] CONQUISTE A SI MESMO

É melhor conquistar a si mesmo
do que vencer mil batalhas.
Então, a vitória é sua,
não pode ser tirada de você,
nem por anjos ou demônios,
céu ou inferno.

Há apenas alguns acontecimentos muito significativos na vida de Alexandre, o Grande. Um deles é o encontro com o grande místico Diógenes. Diógenes estava deitado à margem de um rio, nu, tomando banho de sol. Era de manhã cedo. O sol matinal, a beleza da margem do rio e a areia fresca... E Alexandre estava passando por aquela região — estava a caminho da Índia.

Alguém lhe disse:

— Diógenes está bem perto daqui. E você sempre pergunta sobre ele! — sim, porque Alexandre tinha ouvido muitas histórias. Diógenes era realmente um homem digno de ser chamado de "um homem"! Até Alexandre, lá no fundo, tinha inveja dele.

Ele foi vê-lo. E ficou impressionado com a sua beleza — nu, sem enfeites, sem quaisquer ornamentos. O próprio Alexandre estava coberto de ornamentos, enfeitado de todos os modos possíveis, mas, diante de Diógenes, ele parecia muito pobre. E ele disse a Diógenes:

— Tenho inveja de você. Eu pareço pobre, comparado a você, e você não tem nada! Que riqueza é essa que você tem?

Diógenes disse:

— Eu não desejo nada; a ausência de desejo é o meu tesouro. Eu sou um mestre porque não possuo nada; a não-possessividade é minha mestria, e eu conquistei o mundo, porque conquistei a mim mesmo. E minha vitória vai comigo e a sua vitória lhe será tirada pela morte.

E quando Alexandre estava morrendo, ele se lembrou de Diógenes, do seu riso, da sua paz, da sua alegria. Ele se lembrou de que Diógenes tinha algo que transcendia a morte, e se deu conta: "Eu não tenho nada".

Ele chorou, lágrimas afloraram em seus olhos e ele disse a seus ministros:

— Quando eu morrer e vocês levarem meu corpo para o cemitério, deixem minhas mãos para fora do ataúde.

Os ministros perguntaram:

— Mas não é esta a tradição! Por quê!? Por que esse pedido tão estranho!?

Alexandre disse:

— Eu quero que as pessoas vejam que eu cheguei de mãos vazias e estou partindo de mãos vazias, e que toda a minha vida foi um desperdício. Deixem minhas mãos para fora do ataúde de modo que todos possam ver; até mesmo Alexandre, o Grande, está partindo de mãos vazias.

[13] APRESSE-SE PARA FAZER O BEM

Apresse-se para fazer o bem.
Se você for vagaroso,
a mente, deliciando-se com a travessura,
pegará você.

Buda diz: *"Apresse-se para fazer o bem"*.

Por que "apresse-se"? Por que fazer o bem imediatamente? A mente diz: "Amanhã! Espere! Vamos pensar a respeito". E, pensando, nunca se chega a nenhuma conclusão. Lembre-se: pensar jamais nos faz chegar a nenhuma conclusão. Há dez mil anos o homem faz filosofia e não

há nem uma única conclusão na filosofia. Eles não chegaram a nenhuma verdade. E eles continuam fazendo o mesmo. O mesmo argumento continua sendo repetido de diferentes formas e de diferentes modos, e a filosofia vai seguindo num círculo vicioso. O filósofo continua inconclusivo, e continuar inconclusivo durante toda a vida significa não viver, absolutamente.

A vida só é possível se houver decisão, compromisso, envolvimento; caso contrário, você é sempre um espectador, nunca participa de nada.

A mente tem muito medo de dizer "sim" e a mente tem muito medo de fazer o bem, porque o bem só pode ser feito num estado de ausência de ego. O bem é um subproduto de um estado de não-mente. Tente compreender isso — e quando eu digo "tente compreender isso", eu não estou dizendo para "pensar sobre isso". Eu estou simplesmente dizendo: ouça com o coração, com um coração amoroso.

Esses sutras só podem ser compreendidos pelo coração. Eles saíram do maior coração que já viveu na terra, e eles só podem ser compreendidos pelo coração.

[14] TODOS AMAM A VIDA

Todos os seres tremem diante da violência.
Todos temem a morte.
Todos amam a vida.

A violência é algo contrário à vida. A pessoa consciente não pode ser violenta — não que ela pratique a não-violência, lembre-se. Se você praticar a não-violência, você se tornará um gandhiano, uma falsificação. O gandhiano não é uma pessoa consciente. Ele pratica a não-violência, ele *tenta* se tornar não-violento. Ele não tem nenhuma compreensão. Ele cria um caráter, mas, lá no fundo, não tem nenhuma consciência que possa servir como um centro desse caráter.

O místico primeiro cria a consciência; o caráter vem depois por conta própria. O moralista cria o caráter, mas a consciência não vem depois do caráter. O caráter é uma coisa muito superficial.

Todos os seres tremem diante da violência. Todos temem a morte. Todos amam a vida. Não há nenhuma necessidade de se provar essas coisas. Essas são observações simples, evidentes a todos. Mas algumas conclusões podem ser retiradas delas. Se *todos* os seres tremem diante da violência, então, há algo de errado com a violência, basicamente errado. Ela é contrária à natureza.

A destrutividade não é natural — ser criativo é natural. Não a violência, mas a compaixão é natural; não o ódio, mas o amor, sim, é natural. Não a raiva, não o ódio, porque essas são coisas que levam à violência — são as sementes. O amor, a compaixão, o compartilhar, esses são naturais. E ser natural é ser religioso.

Todos temem a morte; assim, não mate. De preferência, ajude as pessoas a conhecerem a morte. O medo delas é devido à ignorância. Elas têm medo da morte, porque a morte é o maior desconhecido. Não há meios de se conhecer a morte, a menos que você morra. Ajude as pessoas a conhecerem a morte por meio da meditação, porque esse é um meio de se morrer e, ainda assim, continuar vivo.

Todos amam a vida; desse modo, ame. Crie os contextos, os espaços, onde mais amor possa crescer. Crie um espaço onde suas energias possam fluir, onde elas não tenham nenhuma barreira, nenhuma obstrução.

[15] INFLAME-SE E SEJA VELOZ

Como um cavalo nobre
sagaz sob o chicote,
inflame-se e seja veloz.

Buda era um príncipe antes de se tornar iluminado e, quando era príncipe, ele realmente amava os cavalos. Ele era um amante dos cavalos. Naqueles dias, os cavalos eram o maior apoio durante a guerra.

Depois que se iluminou, muitas vezes ele se referiu aos cavalos, de muitas maneiras. Ele diz que há quatro espécies de cavalos. A primeira, a pior: mesmo que você bata neles, quanto mais você bate, mais teimosos eles ficam. Eles não têm nenhuma nobreza, nenhuma graça, nenhuma dignidade. Você pode insultá-los, pode chicoteá-los, surrá-los — eles são muito cabeças-duras. Se não querem andar, não andam.

Depois, a segunda espécie: se você bater neles, eles andam: eles têm um pouco de dignidade, um senso de honra. Depois, a terceira espécie, um pouco mais elevada: você não precisa bater neles — simplesmente o ruído do chicote é o bastante. E a mais elevada, a quarta: nem o ruído do chicote é necessário — apenas a sombra do chicote é o bastante.

Buda diz que as pessoas também se dividem em quatro espécies. A mais elevada, a mais inteligente, os verdadeiros buscadores da verdade, precisam apenas da sombra do chicote — simplesmente um pequeno sinal vindo do mestre é o bastante. Buda diz: *Um cavalo nobre raramente sente o toque do chicote.* Não há nenhuma necessidade de o cavalo nobre sentir o toque do chicote — basta a sombra.

Seja como um cavalo nobre — esperto, atento, acordado.

[16] O HOMEM IGNORANTE

O homem ignorante é um boi:
cresce em tamanho, não em sabedoria.

A questão mais fundamental diante de Gautama, o Buda, era: "O que é sabedoria?". E o mesmo vale para todo mundo. Através dos tempos, os sábios têm sempre perguntado: "O que é sabedoria?". Se você puder responder a essa pergunta, baseando-se de fato em sua própria experiência, isso causa uma transformação na vida.

Você pode repetir as definições de sabedoria dadas por outros, mas elas não vão ajudá-lo. Você pode ficar repetindo-as sem compreendê-las, e essa é uma das ciladas que se precisa evitar no caminho. Nunca repita o que você mesmo não viveu por experiência. Evite o conhecimento, somente então você poderá crescer em sabedoria.

O conhecimento é algo que se toma emprestado dos outros. A sabedoria cresce em você. A sabedoria é interior, o conhecimento é exterior. O conhecimento vem do lado de fora, prende-se à superfície; dá grande orgulho a você e o mantém fechado, muito, muito distante da compreensão. A compreensão não pode ser estudada; ninguém pode ensiná-la a você. Você tem de ser uma luz em si mesmo. Você tem de buscar e procurar dentro do seu próprio ser, porque ela já está lá dentro, no seu próprio âmago. Se mergulhar fundo, você a descobrirá. Você terá de aprender como mergulhar dentro de si mesmo — não nas escrituras, mas dentro da sua própria existência.

O sabor da sua própria existência é a sabedoria. Sabedoria é experiência, não informação.

[17] CORRIJA-SE

Para corrigir o torto,
você precisa antes fazer uma coisa mais difícil —
corrigir-se.

É fácil olhar para as falhas dos outros. A pessoa adora ver as falhas dos outros, porque isso ajuda e fortalece seu ego: “Eu sou muito superior”. É muito difícil ver as próprias falhas; somente um homem que se ama pode vê-las.

Não ouça os outros, o que eles dizem de você. Veja você mesmo, quem é você, onde você está, quais são suas falhas. E o milagre é que, ao ver uma falha por conta própria, a consciência a dissipa. Você não precisa fazer nenhum esforço para dissipá-la; a própria consciência é o bastante — aquilo começa a derreter como gelo sob o sol quente.

Mas é muito difícil ver as próprias falhas, porque você nunca olha para si mesmo: você está constantemente extrovertido, olhando para os outros.

A nova e formosa datilógrafa estendeu uma folha de papel para o auditor da companhia, dizendo:

— Aqui está o relatório que o senhor queria, Mr. Berry.

— Meu nome é Mr. Perry! — corrigiu ele. — Você deve ter conversado com o guarda-livros, que não sabe pronunciar o “P” direito. Ele disse alguma coisa de mim?

— Somente que, quando se trata de detalhes sem importância, o senhor é imbatível!

Com certeza é difícil, porque você tem de voltar toda a consciência na sua direção. E nós nos tornamos tão extrovertidos, nós *fomos feitos* tão extrovertidos, que a introversão parece ser quase impossível. Estamos paralisados: só conseguimos olhar para os outros. Mesmo que queiramos olhar para nós mesmos, temos de olhar no espelho. Então, a imagem no espelho torna-se o outro.

A pessoa tem de aprender a olhar para si mesma com olhos fechados, para observar silenciosamente. E não traga nenhum preconceito *a priori*. Muitas pessoas já lhe disseram: "Suas falhas são tais e tais". Não leve essas idéias para dentro de você, caso contrário você não as descobrirá — porque o pensamento é muito inventivo. Ponha de lado tudo o que lhe foi dito sobre você. Lembre-se somente de uma única coisa: a menos que você descubra essas falhas por conta própria, essa informação não tem nenhum valor, nenhum significado. Assim, vá sem nenhum preconceito — a favor ou contra. Simplesmente vá, com total abertura, e veja. E, se você for amoroso e souber como observar, você encontrará o fenômeno mais misterioso: ver uma falta é dissolvê-la. Esse é o grande segredo do Buda: ver que você está fazendo algo errado é o bastante; você não consegue mais cometer esse erro.

[18] VOCÊ É A FONTE

A maldade é sua.
A tristeza é sua.
Mas a virtude também é sua.
E a pureza.
Você é a fonte de toda pureza
e de toda impureza.

Um ser humano completamente transformado nasce no momento em que você aceita a sua responsabilidade por si mesmo, no momento em que você diz: "Seja o que for que eu seja, é escolha minha — não uma escolha do passado, mas do presente. Essa é minha escolha neste momento e, se eu quiser mudar isso, sou absolutamente livre para mudar. Ninguém pode me impedir — nenhuma força social, nenhum estado, nenhuma história, nenhuma economia, nenhum inconsciente pode me impedir. Se eu estiver determinado a mudar isso, eu posso mudá-lo".

Sim, no começo a responsabilidade parece um peso, um peso pesado. Parece bom jogar a responsabilidade nas costas dos outros. Pelo menos, você pode dizer: "Não sou o responsável". Você pode sentir que é só uma vítima desamparada. No começo, aceitar a responsabilidade por si mesmo total e incondicionalmente *é* pesado. Gera desespero, angústia, ansiedade — mas só no começo. Uma vez que isso seja aceito, devagarzinho você fica ciente do grande potencial e da grande liberdade que isso traz.

Se eu sou responsável pela minha infelicidade, isso também significa, automaticamente, que eu sou responsável pela minha bem-aventurança. Se eu sou responsável pela minha infelicidade, eu posso acabar com ela imediatamente. Deixe-me repetir a palavra *imediatamente* — nem mesmo por um único momento a pessoa tem de esperar. Não é uma questão de mudar a vida passada, não é uma questão de mudar toda a sociedade, não é uma questão de trazer uma ditadura do proletariado; e não é uma questão de passar anos e anos na psicanálise. É uma simples questão de aceitar a responsabilidade de que: "Seja o que for que eu seja, fui eu que criei meu estado interior, meu ser".

O homem nasce somente como um potencial. Ele pode se tornar um espinho para ele mesmo e para os outros, ele pode também se tornar uma flor para ele mesmo e para os outros. E, lembre-se, seja o que for que você seja para os outros, você também é para si mesmo; e seja o que for que você seja para si mesmo, você é também para os outros. Se você for uma flor para si mesmo, sua fragrância acabará se espalhando; ela chegará até os outros. Se você é um espinho para si mesmo, como pode ser uma flor para os outros?

[19] FORA DA LEI

Não viva no mundo
distraído e em falsos sonhos,
fora da lei.

Sua mente está continuamente criando distrações. Observe sua mente e você compreenderá o que Buda está dizendo. Ela nunca lhe permite se sentar silenciosamente, nem mesmo por alguns momentos. Se você se sentar silenciosamente, ela diz: "Por que não ouvir rádio? O jornal já deve estar aí, o correio já pode ter chegado. Por que não ir ao cinema? Por que não ver TV?". Se você está numa loja, a mente diz: "Vá para casa, descanse — você está cansado". Se você está em casa, a mente diz: "O que você está fazendo aqui, perdendo seu tempo? Vá às compras — você poderia ter ganho algo com isso!"

A mente nunca deixa você ficar onde está, ela nunca deixa você ver as coisas como elas são. Ela está sempre levando você para outro lugar, quer para o passado, quer para o futuro; ela nunca lhe permite estar presente. Ou ela quer arrastá-lo para dentro das lembranças — que não são nada além de pegadas nas areias do tempo — ou ela o arrasta na direção do futuro: grandes projeções, grandes expectativas, desejos, objetivos... E você fica muito envolvido com isso tudo — como se tivesse alguma realidade! E a realidade está escapando das suas mãos enquanto você está ocupado com todas essas viagens ao passado, ao futuro.

A mente jamais lhe permite e jamais lhe permitirá ver aquilo que existe: ela sempre o leva para aquilo que não existe.

Um dos nomes de Buda é *Tathagata* — aquele que vive *naquilo que é*, aquele que ficou livre de todas as distrações da mente. E o milagre é que a mente consiste somente em distrações; assim, uma vez que você se livre de todas as distrações, não sobra mente nenhuma. No presente não há nenhuma mente. No presente há somente consciência, percepção, observação.

Viva no mundo, mas não por meio da mente. Não deixe o passado ou o futuro se interpor entre você e a realidade. E, se você puder conseguir o estado de não-mente mesmo por alguns momentos — nisso se resume a meditação —, você se surpreenderá: de repente, você está no mesmo ritmo da existência. Você saberá o que Buda chama de *aes dhammo sanantano* — a lei eterna.

[20] O ENSINAMENTO SIMPLES

Dirija-se de acordo com a lei.
Esse é o ensinamento simples do ser desperto.

"De acordo com a lei" não quer dizer a lei do estado ou a lei dada pelos sacerdotes. "De acordo com a lei", para Buda, quer dizer de acordo com a lei suprema da vida e da existência.

Existe uma tremenda harmonia — qualquer pessoa só um pouquinho sensível, inteligente, pode senti-la — a vida é um todo harmonioso. Ela não é um caos, é um cosmos. Por que ela não é um caos? Porque uma lei percorre-a como um fio numa guirlanda. Esse fio é invisível, você vê somente as flores, mas esse fio as mantém juntas. A existência é uma guirlanda: há um fio, um *sutra* — sutra quer dizer fio — um fio muito fino, quase invisível, passando através de toda a existência, que faz dela um cosmos em vez de um caos.

"De acordo com a lei", nas palavras de Buda, quer dizer: esteja em harmonia com a natureza, a existência. Não lute com ela, não vá contra ela. Não tente ir contra a corrente, flua com a corrente. Fluir com a vida é seguir a lei. *Aes dhammo sanantano* — essa é a lei inesgotável. Se você relaxar, se deixar que a lei se apodere de você, possua você, você será inundado por ela. Você não precisa entrar numa viagem do ego. O

rio já está fluindo para o oceano — você simplesmente flui com o rio. Não é preciso nem nadar — flua com o rio e você chegará ao oceano.

[21] ALEGREMENTE

Aquele que quer despertar
extingue seus desejos alegremente.

O que Buda quer dizer com "desejo"? Desejo significa toda a sua mente. Desejo significa não estar aqui-agora. Desejo significa andar num lugar no futuro, que ainda não existe. Desejo significa mil e um modos de escapar do presente. Desejo equivale à mente. Na terminologia de Buda, desejo é mente.

E desejo também é tempo. Quando eu digo "desejo também é tempo", eu não quero dizer o tempo do relógio, quero dizer o "tempo psicológico". Como você cria o futuro na sua mente? Desejando. Você quer fazer alguma coisa amanhã — você criou o amanhã; caso contrário, o amanhã não está ainda em lugar nenhum, ele ainda não veio.

O homem que vive no futuro vive uma vida falsa. Ele não vive realmente, ele somente finge viver. Ele espera viver, ele deseja viver, mas ele nunca vive. E o amanhã jamais chega, é sempre hoje. E seja o que for que venha, é sempre agora e aqui, e ele não sabe como viver aqui-agora: ele sabe somente fugir do aqui-agora. O modo de fugir é chamado de "desejo", *tanha* — essa é a palavra de Buda para aquilo que é uma fuga do presente, do real para o irreal.

O homem que deseja é um escapista.

Ora, é muito estranho que os meditadores sejam vistos como escapistas. Isso é um completo absurdo. Somente o meditador não é um escapista — todo o resto é. Meditação quer dizer "sair do desejo, sair dos pensamentos, sair da mente". Meditação quer dizer "relaxando no momento", no presente. Meditação é a única coisa no mundo que é não-escapista, embora seja vista como a coisa mais escapista. As pessoas que condenam a meditação sempre a condenam com o argumento de que ela é uma fuga, uma fuga da vida. Elas estão simplesmente falando bobagem; não compreendem o que estão dizendo.

Meditação não é uma fuga da vida: ela é uma fuga *para dentro* da vida. A mente é fuga da vida, desejo é fuga da vida.

[22] ENTRE OS AFLITOS

Viva com alegria, em paz,
mesmo entre os aflitos.

Você não pode mudar o mundo todo. Você tem um período de vida pequeno, ele se extinguirá logo. Você não pode tornar isso uma condição — "só vou me alegrar quando todos forem felizes". Isso nunca vai acontecer e tampouco está dentro de sua capacidade fazer com que aconteça.

Primeiro seja egoísta, primeiro transforme-se. Sua vida na paz, na alegria, na saúde pode ser uma grande fonte de nutrição para as pessoas que estão famintas de alimento espiritual.

As pessoas, na verdade, não estão famintas de coisas materiais. Riqueza material é muito simples: basta um pouco mais de tecnologia, um pouco mais de ciência e as pessoas podem ser ricas. O problema real é como ser rico interiormente. E, quando você for exteriormente rico, você se surpreenderá: pela primeira vez, você ficará ciente — de forma mais aguda, mais pungente —, da sua pobreza interior. Pela primeira vez, todo o significado da vida desaparece quando você é exteriormente rico, porque, em contraste, a pobreza interior pode ser vista mais claramente. Do lado de fora, há luz a toda volta e, do lado de dentro, você é uma ilha sombria.

O homem rico conhece mais a sua pobreza do que a pessoa pobre, porque a pessoa pobre não tem nenhum contraste. Do lado de fora, há escuridão; do lado de dentro, escuridão — ele sabe que a vida é escuridão mesmo. Mas, quando há luz do lado de fora, você passa a desejar um novo fenômeno: você anseia pela luz interior. Quando você vê que a riqueza é possível do lado de fora, quer saber por que não pode ser rico interiormente.

[23] LIBERDADE

Livre-se do apego.

Se você não se agarrar a nada, como pode ser infeliz? Seus apegos causam infelicidade, porque você quer se agarrar às coisas e, por natureza, tudo muda; você não pode agarrá-las. Elas escorregam constantemente das suas mãos. Não há meios de agarrá-las.

Você se agarra à vida, você se agarra ao marido, aos filhos, aos pais, aos amigos. Você se agarra às pessoas, às coisas, e tudo está num fluxo constante. Você fica tentando segurar um rio em seus braços e o rio está fluindo depressa; ele está correndo em direção a um objetivo desconhecido — você fica frustrado.

A esposa se apaixona por uma outra pessoa — você se frustra. O marido foge — você se frustra. O filho morre — você se frustra. O banco fracassa, vai à bancarrota — você se frustra. O corpo adoece, enfraquece, a morte começa a bater à porta — você se frustra. Mas essas frustrações são causadas pelas suas expectativas. Você é responsável por elas.

Se você compreender que este lugar não é um lar e que você é um andarilho sem teto aqui, um estranho numa terra desconhecida e que você terá de deixá-la, terá de partir... Se você captou esse ponto, se compreendeu isso, então você não faz uma casa em lugar nenhum. Você vira um andarilho sem teto, um *parivrajaka*. Você pode até viver assim literalmente; depende de você. Você pode virar *realmente* um andarilho ou pode tornar-se um andarilho do ponto de vista espiritual.

Não digo que se torne literalmente um andarilho, porque... — qual o sentido disso? A ênfase de Buda não recaía na idéia de nos tornarmos literalmente andarilhos — que isso fique bem claro para você. Buda não disse o que fazer, se era para segui-lo literalmente ou não. Milhões o seguiram literalmente — largaram casa, largaram família; tornaram-se verdadeiros *bhikkhus*, vagando por todo o país, mendigando.

Se você compreender de fato, então não há nenhuma necessidade de fazer isso de modo tão factual. Você pode estar em casa, pode estar com sua esposa e com seus filhos e, contudo, ficar alerta de que nada lhe pertence. Fique alerta de que, se as coisas mudarem, você está pronto para aceitar a mudança, que você não vai se lamentar pelo leite derramado, que você não vai chorar, que você não vai se desesperar e enlouquecer. Para mim, isso parece fazer muito mais sentido do que se tornar um andarilho de fato.

Compreender isso no fundo da sua consciência é o bastante. Minha ênfase é que você se torne um andarilho espiritual. Não há nenhuma necessidade de arrastar o corpo como um mendigo; simplesmente deixe seu espírito ser o de um andarilho, e isso já é o bastante. Não crie fronteiras para o seu espírito.

[24] SUPERAÇÃO

Com amabilidade, supere a raiva.
Com generosidade, supere a mesquinhez,
Com verdade, supere a mentira.

A meditação é um processo químico — não é moralidade; é alquimia. É a ciência da alma. Por meio da meditação, a raiva, muito lentamente, desaparece, e a energia fica disponível e se torna suavidade.

Você se surpreenderá ao saber que, se sente uma grande raiva, você tem grande potencial para a amabilidade. A raiva simplesmente mostra que você tem muita energia. Um homem sem raiva é impotente, ele não tem nenhuma energia. Um homem que não consegue ficar com raiva, também não consegue ser amável.

Com generosidade, supere a mesquinhez. Não reprima a mesquinhez, não destrua a mesquinhez, mas, com generosidade, transforme-a em uma consciência generosa, no compartilhar.

Com verdade, supere a mentira. Não lute contra a escuridão, traga luz para dentro. Esta é a essência desse sutra: não lute contra o negativo, traga o positivo para dentro. E o positivo vem por meio da observação — o negativo já está aí. Sua sociedade o prepara para o negativo, sua sociedade precisa que você seja negativo. Sua sociedade quer você com raiva, cheio de raiva, de modo que você seja forçado a entrar na guerra, em cruzadas: conflitos religiosos, políticos, ideológicos; assim você pode ser manipulado para matar pessoas. Ou pode ser manipulado para se tornar mártir — destrutivo para si mesmo.

Nunca lute contra o negativo. Sua sociedade o prepara para o negativo. Transforme o negativo em positivo. A transformação é possível. O meio que tem de ser usado é a meditação.

[25] ALÉM DA DOR

Os sábios não ferem ninguém,
eles são mestres do próprio corpo
e vão para o país sem fronteiras,
vão além da dor.

E quem é sábio? Não aquele que sabe muito, mas aquele que compreende muito. O sábio não é aquele que tem todas as escrituras na ponta da língua; o sábio é aquele que viu sua própria realidade e, ao vê-la, tomou consciência do universo e de sua beleza e inteligência. O sábio é aquele que viu a sabedoria da existência: ele não é instruído, mas é absolutamente inocente. Como ele pode ferir alguém? Isso é impossível, porque ele não pode ver os outros como diferentes de si mesmo. Ele vê o todo como uma coisa só.

Cuidado com as pessoas instruídas, cuidado com os supostos experientes; eles não são sábios.

Duas mulheres estavam sentadas na sala de espera do consultório médico, trocando idéias sobre seus vários distúrbios.

— Quero um bebê mais do que qualquer coisa no mundo — disse a primeira —, mas acho que é impossível.

— Eu me sentia exatamente assim — disse a segunda —, mas depois tudo mudou. É por isso que estou aqui: vou ter um bebê daqui a três meses.

— Você tem de me dizer o que você fez!

— Fui a um curandeiro.

— Mas eu tentei isso. Meu marido e eu consultamos um durante aproximadamente um ano e não adiantou nada.

A outra mulher sorriu e cochichou:

— Tente ir sozinha da próxima vez, querida.

As pessoas experientes, as pessoas que já viveram uma vida... elas parecem sábias; elas não são sábias, são apenas tolos maduros. E os tolos maduros são mais perigosos do que os tolos imaturos, porque o tolo maduro tem todos os argumentos para apoiar sua tolice, toda sua experiência está à disposição dele.

O professor de direito criminal estava concluindo sua aula final antes das férias:

— Lembrem-se, cavalheiros, de que se vocês têm um caso com uma garota menor de idade, com ou sem o consentimento dela, trata-se de estupro! Se vocês têm um caso com uma garota maior de idade sem o consentimento dela, trata-se de estupro! Mas se vocês têm um caso com uma garota maior de idade, com o consentimento dela, Feliz Natal!

Essas pessoas são sábias de certo modo, sábias nos moldes do mundo: elas podem lhe dar bons conselhos, mas não são sábias no sentido que Buda usa essa palavra. Elas são tão tolas quanto você, só que um pouco mais experientes.

[26] A FOLHA AMARELA

Você é como a folha amarela.
Os mensageiros da morte estão à mão.
Você tem de viajar para longe.
O que você levará consigo?

Há duas coisas na vida que são as mais importantes. A primeira é o nascimento e a segunda é a morte — tudo o mais é trivial. A primeira já aconteceu, agora não se pode fazer mais nada a respeito. A segunda não aconteceu ainda, mas pode acontecer a qualquer momento. Desse modo, aqueles que estão alertas vão se preparar, eles se prepararão para a morte. Nada pode ser feito quanto ao nascimento, mas muito pode ser feito quanto à morte. Mas as pessoas não querem nem pensar sobre a morte; elas até evitam o assunto. Não se considera educado falar sobre isso. Mesmo que elas se refiram à morte, fazem isso de forma indireta. Se alguém morre, nós não dizemos que a pessoa morreu. Dizemos que Deus a chamou para junto dele; que Deus a amava muito e que todo aquele que Deus ama muito, ele chama mais cedo; que ela foi para o céu, que ela não morreu — somente o corpo voltou à terra, mas a alma — a alma é imortal.

Você já ouviu dizer que alguém foi para o inferno? Todo mundo vai para o céu. Temos tanto medo da morte que tentamos fazê-la tão bela quanto possível: nós a enfeitamos, falamos belas palavras sobre ela, tentamos evitar o fato.

Mas Buda insiste repetidamente — por toda a vida depois da sua iluminação, durante 42 anos, continuamente, de manhã e à noite, dia após dia, ano após ano, ele falou sobre a morte. Por quê? Muitas pessoas pensam que ele é pessimista — ele não é. Ele não é nem otimista nem pessimista. Ele é realista, é muito pragmático. Ele fala sério, porque sabe que só uma única coisa restou a você, sobre a qual algo pode ser feito e deve ser feito — e essa coisa é a morte.

Nós falamos sobre todo mundo que morre — que a pessoa foi para o céu, que se tornou amado de Deus, que Deus o escolheu, chamou-o e assim por diante... meios de se evitar a morte.

Mas Buda fala continuamente sobre morte. Ele diz: "*Você é como a folha amarela*". A folha amarela representa a morte. A qualquer momento ela vai cair, pó virando pó. A qualquer momento... e a morte vai tomar posse de você... O amanhã pode não chegar jamais, nem o próximo momento é certo. Este é o único momento do qual você pode estar certo; no seguinte, você pode não estar mais aqui. O que você está fazendo para se preparar para essa grande jornada rumo ao desconhecido?

A morte é poderosa, mas uma coisa ela não pode levar de você — a meditação. Se você conseguir ficar enraizado no seu ser — alerta, consciente, atento —, verá que você não é o corpo, e você não é a mente, e você não é o coração. Você é simplesmente a alma que testemunha, e essa testemunha irá com você. Então, você pode testemunhar até a morte. Esse testemunhar é a fonte de toda a religiosidade. Aqueles que atingiram essa fonte são os iluminados, são os budas.

[27] VIAJE SOZINHO

Ele não se deixa ficar com aqueles que têm um lar
nem com aqueles que se extraviaram.
Sem querer nada, ele viaja sozinho.

Na Índia, as pessoas estão divididas em duas categorias — trata-se de uma tradição. Era assim no tempo de Buda também. É uma divisão muito antiga. Buda está tentando fazer uma distinção. Ele está tentando fazer dos seus discípulos uma terceira categoria — as velhas categorias são duas. A primeira é a mundana, do chefe de família, daqueles que têm um lar. Eles são chamados de chefes de família pela simples razão de que vivem na falácia da segurança, da proteção — uma proteção que eles pensam que vem por meio do dinheiro, do poder, do prestígio, uma proteção que eles pensam que vem dos relacionamentos. A esposa acha que está a salvo com o marido, o marido acha que está a salvo com a esposa, os pais acham que estão a salvo com os filhos. A proteção é enganosa, porque nem a família nem o dinheiro nem nada mais deste mundo pode protegê-lo da morte.

Quando a morte vem, ela despedaça tudo; ela despedaça todos os seus castelos de areia. O chefe de família vive numa espécie de mundo de sonho, um mundo de suas próprias projeções. Esse mundo não é verdadeiro, não corresponde à realidade: é a projeção dele próprio. A esposa acha que o marido é sua segurança e o marido acha que a esposa é sua segurança. Ora, ambos estão inseguros. Como podem duas pessoas inseguras dar segurança uma à outra? Duas pessoas inseguras unidas tornam-se duplamente inseguras, mas criou-se a falácia. Esta é a primeira categoria, o *grihastha*, o chefe de família.

E a segunda categoria é a daqueles que renunciaram à primeira categoria, que foram para o outro extremo — que não vivem em casas, que não vivem em família, que não ganham dinheiro, que nem mesmo tocam em dinheiro, que foram exatamente para o extremo oposto. Eles são conhecidos como *saniasins*. Eles costumam andar pelo país, em pequenos ou grandes grupos.

Mas Buda diz: "Você abandonou uma família pequena e agora você faz parte de uma multidão maior — vocês se tornaram uma outra família. Nada mudou. Primeiramente, você pensou que a família pequena era a sua segurança; agora, você acha que essa multidão de monges é sua segurança, mas a velha idéia de segurança ainda persiste".

Ele diz que ser um *saniasin* significa aceitar a insegurança natural da vida. Essa própria aceitação é o *sânias* — aceitar que "eu nasci sozinho e morrerei sozinho, e, entre essas duas solitudes, todas as idéias de estar junto com alguém são simplesmente fantasias. Eu sou sozinho mesmo enquanto estou vivo". A pessoa nasce sozinha, a pessoa vive sozinha, a pessoa morre sozinha.

A ênfase de Buda recai muito mais no fato da sua solitude: ele quer que você se torne ciente dela. Uma vez que esteja ciente dela, você ficará surpreso com a beleza, com a alegria dela. Você não ficará assustado; você se regozijará com ela, porque há uma liberdade, há um êxtase, há uma pureza e uma inocência nela. E por que ansiar por segurança?

A vida é insegura por natureza; assim, trata-se de simples lógica: os que querem ser mais vivos têm de viver na insegurança. Quanto maior a insegurança, maior será sua vivacidade; quanto maior a falaciosa, a suposta segurança, menor será a vivacidade.

Eis por que você vê tantas pessoas mortas no mundo, quase mortas, pela simples razão de que elas ficaram muito ligadas à idéia de segurança. E quanto mais morto você fica, mais seguro você está. Não faça nada que possa criar alguma insegurança, permaneça confinado ao familiar, jamais vá além dos limites. Você nunca saberá do êxtase de ir além dos limites. Você nunca saberá do êxtase de explorar o desconhecido e o incognoscível.

De acordo com Buda, ambas as categorias se tratam das mesmas pessoas. É claro, elas estão em extremos e parecem opostas umas às outras, mas não se deixe enganar. Elas não são realmente opostas; elas descobriram tipos diferentes de segurança.

Sem querer nada, ele viaja sozinho — o verdadeiro *saniasin* não tem nenhum desejo, nem mesmo o desejo pela vida; desse modo, ele não tem medo da morte. Ele não tem nenhum desejo neste mundo nem no outro; desse modo, ele não está interessado em criar todas essas espécies de proteções à sua volta. Ele não está interessado. Ele pode ficar sozinho, completamente sozinho. Ele não está tentando ser engenhoso e esperto com a existência; ele confia na existência. Ele pode ver que o chefe de família está vivendo numa projeção, num mundo projetado por ele mesmo; e os supostos monges e freiras estão vivendo numa outra projeção, mas, outra vez, trata-se de um mundo projetado. Ele anda sozinho — isso não tem de ser apenas um ato exterior, tem de ser um sentimento interior também.

Estar só é a coisa mais essencial para um meditador — viver a solitude, sentar-se silenciosamente e simplesmente ser você mesmo, simplesmente ficar consigo mesmo, sem ansiar por alguma companhia, sem ansiar pelo outro. Desfrute seu ser, desfrute sua respiração, desfrute sua pulsação. Desfrute o ajuste interior, a harmonia. Desfrute simplesmente porque você *existe* e fique absolutamente silencioso nesse desfrutar.

[28] TRABALHE

Viva no amor. Trabalhe.
Dê um fim nas suas tristezas.

Um Buda é um criador, um Jesus é um criador. As palavras deles, os atos deles, são somente prova de que Deus existe. A própria presença deles é prova de que Deus existe. A presença deles é criativa: na presença deles, milhares de pessoas são transformadas. Buda não é um escapista — ele não pode ser. Nenhuma pessoa desperta pode ser um escapista. Os covardes fogem, as pessoas corajosas são criativas.

Ele não é contra o amor, ele não é contra a criatividade, e não é contra o trabalho tampouco. *Trabalhe* — porque, a menos que você faça o trabalho que está perto do seu coração, você ficará insatisfeito. E o meditador descobre imediatamente qual é o trabalho dele. O meditador descobre intrinsecamente que esse é o trabalho dele; não tem que pensar sobre isso. É tão claro e tão gritante, que ele sabe que ele tem de ser músico ou tem de ser poeta ou tem de ser isto ou aquilo. Vem com tanta clareza que não existe nenhuma dúvida. E então ele começa a trabalhar — esse trabalho é sua meditação.

Há muitas pessoas que têm medo do trabalho. Elas não sabem que existe um tipo de trabalho que é totalmente diferente do trabalho que você encontrou na sua vida, e que o trabalho pode ser uma meditação.

E, se você conseguir deixar de lado a sua teimosia, o seu ego, então a animosidade também cairá por terra, porque a animosidade não é nada mais do que a sombra do seu ego. Se não há ego nenhum, então, não há nenhuma animosidade; se há ego, há sempre a animosidade acompanhando-o. Quem quer que se interponha no caminho... E todo mundo irá se interpor, porque os egos não podem se ajustar um ao outro. Os egos estão sempre em conflito, os egos estão sempre brigando, eles são briguentos, por isso a animosidade.

Abandone o ego e veja a beleza da ausência de ego. Então, não há nenhuma animosidade, nenhuma raiva. Você se torna tão silencioso, sua energia se torna tão calma e serena, que, de repente, você começa a ver o mundo sob uma luz diferente, numa perspectiva diferente. Então, este mundo comum deixa de ser comum — ele se torna sagrado.

[29] NÃO ESTÁ NO CÉU

O caminho não está no céu.
O caminho está no coração.

Olhe para dentro. Observe quanto ciúme, quanta raiva, quantos desejos luxuriosos estão borbulhando lá dentro. Simplesmente observe-os!

E essa é a maior contribuição de Buda, porque ele disse e provou além de qualquer dúvida — pois funcionou com milhares de pessoas — que uma profunda observação de qualquer coisa que esteja errada em você é o bastante; você não precisa fazer mais nada. Simplesmente fique ciente daquilo e aquilo desaparece. Desaparece exatamente como quando você acende a luz dentro do quarto e a escuridão desaparece.

Torne-se ciente, acorde. Então você verá que tudo vem e vai, tudo vem e passa. A vida é um fluxo. Sua consciência é a única coisa que é inamovível, que é eterna. Atingi-la é liberdade. Atingi-la é a meta da vida.

[30] DESPERTE PARA SEMPRE

Todas as coisas surgem e passam.
Mas o desperto desperta para sempre.

A vida pode ser vivida de duas maneiras: ou como uma contínua queda... — então, você é empurrado pelas forças inconscientes da gravidade; você não precisa fazer nenhum esforço; você não fica tentando chegar aos picos, você simplesmente é uma pedra rolando ladeira abaixo. Naturalmente, parece fácil, confortável, conveniente. Se você se conforma à sociedade, se você vive de acordo com a tradição, se você segue a massa, a vida é fácil — mas a um preço muito elevado. Você não cresce. Você perde toda a finalidade, porque a vida só faz sentido quando é um contínuo crescimento.

O homem é o único animal na existência que tem a capacidade de evoluir. Charles Darwin diz que os macacos evoluíram e tornaram-se homens. Eu não concordo com ele, não posso concordar com ele. Não que eu tenha algo contra os macacos — eles são gente boa! —, mas, se o que ele diz é verdade, então por que todos os macacos não se tornaram homens? Durante milhões de anos, os macacos continuaram sendo macacos. Por que eles não estão crescendo? Eles já deveriam ter dado, pelo menos, alguns passos preliminares por ora, mas eles são hoje exatamente o mesmo que sempre foram.

Você só consegue encontrar provas para a teoria de Charles Darwin se observar os políticos. Então, pode-se suspeitar que ele esteja certo — do contrário, não! Do contrário, os macacos continuaram sendo macacos.

Na verdade, toda a teoria de Darwin é somente uma suposição; ela ainda não é cientificamente válida. E espiritualmente, ela jamais vai ser válida, porque aqueles que conheceram o crescimento espiritual do homem já chegaram a esta conclusão: que o homem é um ser diferente de todos os demais seres na terra. Ele é um animal evolutivo. Nenhum outro animal evolui: eles são sempre a mesma coisa. São muito conformistas, não vão além de suas hereditariedades. Eles nunca cruzam o limite do que é permitido por seus instintos; nunca fazem nada além do instintivo, além do inconsciente.

Somente o homem é que foi capaz de produzir um Buda, um Lao Tzu, um Jesus, um Bahauddin. É por causa dos budas que nós podemos dizer que o homem tem a capacidade de ser um Deus. O homem tem um potencial infinito.

Mas, se for assim, você não pode ter uma vida fácil. Você não pode simplesmente ser um membro do Rotary ou do Lions. Você não pode ser simplesmente um hindu ou um muçulmano. Você não pode continuar seguindo as massas. As massas se comportam instintivamente: elas não sabem nada do além. A vida delas é fácil. Se você fizer parte delas, sua vida também será fácil, mas não haverá nenhum crescimento. E o crescimento é tudo o que importa.

A única coisa que importa na vida é o crescimento. A menos que você esteja progredindo rumo ao ápice supremo de se tornar um Deus, você está desperdiçando uma tremenda oportunidade.

[31] O CAMINHO DA LEI

Se você determina seu curso com força ou velocidade, você perde o caminho da lei.

O ego é sempre agressivo; ele só pode existir por meio da agressão. Ele cria tal confusão, tamanha poeira, tanta fumaça, que você nem consegue enxergar. Ele o deixa cego. Ele lhe dá voltas e voltas, e o deixa tonto. Eis por que o ego está sempre ansiando por mais e mais poder, mais e mais força. Ele quer fazer as coisas com força absoluta.

O ego é um fascista, um totalitário, é ditatorial. Ele não quer nenhuma rebelião contra ele. Ele imediatamente destrói qualquer possibilidade de você se tornar livre dele. Basta uma semente de rebelião...e ele começa a destruí-la. Ele está constantemente observando. Está constantemente tentando mantê-lo tão ocupado que você nunca fica ciente da grande escravidão na qual está vivendo. E o ego é muito esperto; ele o convence de que "eu sou você".

Assim, basta que a idéia de abandonar o ego surja para que você comece a se sentir como se estivesse perdendo a identidade. O ego não é a sua identidade. É por causa do ego que você não é capaz de saber quem você realmente é. O ego é a barreira. Ele o mantém correndo e o mantém em tal velocidade, em tamanha pressa, que você não tem tempo para pensar sobre as coisas, para ponderar, meditar, ver o que você está fazendo e por que você está fazendo aquilo.

Ele não lhe dá nenhum tempo para ver. Ele o mantém enlouquecido, ocupado, constantemente ocupado com um desejo ou outro. Antes que um desejo seja realizado, ele cria outros dez. Ele sempre tem novos desejos prontos para que não haja um intervalo, não sobra nunca um intervalo entre dois desejos — porque nesse intervalo você será capaz de ver e reconhecer a estupidez da sua vida, a completa loucura da sua vida. E, uma vez que você tenha visto isso, você não consegue mais continuar fazendo parte disso. Você saltará fora! Você viu que a casa está pegando fogo.

Buda diz: *Se você determina seu curso com força ou velocidade, você perde o caminho da lei*. Você perde toda a finalidade da existência, porque a vida se mostra em toda a sua beleza e bem-aventurança somente para aqueles que estão vivendo descontraidamente. Não com força, não com velocidade; não impetuosamente, correndo. Ela está disponível para aqueles que estão tranqüilos, à vontade com o momento presente; tão relaxados, como se não houvesse nenhum tempo além deste. Este momento é tudo...

Se você for com velocidade, você perderá; se você estiver com muita pressa, você não será capaz de ver. Seus olhos ficarão nublados, você continuará tenso. Você não será capaz de ver aquilo que é. A mente tão cheia de desejos, de ambição, de realizações e você não pode ver aquilo que é. Você está sempre ansiando por algo que deveria ser.

De modo geral, o "deveria" ficou mais importante do que o "é", o "deveria ser" ficou mais importante do que "aquilo que é". E a existência é *aquilo que é*, a verdade é *aquilo que é*.

[32] SEM PRESSA

Calmamente, considere o que é certo e o que é errado.
Recebendo todas as opiniões igualmente —
— sem pressa, com sabedoria —,
observe a lei.

Quando Buda diz "considere calmamente", ele quer dizer "não pense" — abandone todo pensamento e veja. Essa é a única maneira de se conhecer as coisas como elas são... — porque, se você fica pensando, você vai trazendo seus preconceitos para dentro do assunto. Se você está pensando, está trazendo suas conclusões passadas para dentro do assunto. Se você está pensando, sua mente está funcionando — e a mente é o passado, e o passado jamais permite que você veja o presente. O pensamento tem de evaporar totalmente. Nesse estado de não-mente, você pode ver.

Buda diz: medite calmamente. Seja silencioso e veja. E nessa visão você saberá — sem nenhum processo lógico, você simplesmente saberá: Isto é isto. Isto é bom e isto é mau. Não que você tenha de decidir de acordo com a *Bíblia* ou o *Alcorão* ou o *Gita*. Se você tem olhos, você sabe onde está a parede e onde está a porta. Você tem de pensar sobre isso? Cada vez que você sai do quarto, você tem de pensar sempre onde está a porta e onde está a parede? Você simplesmente sai pela porta sem pensar absolutamente, porque você pode ver! Mas se você é cego, a cada vez, você terá de pensar novamente: "Onde está a porta?". Você terá de tatear procurando a porta.

Pensar é um estado de cegueira, trata-se de um tatear na escuridão. Meditação é um estado de ter olhos, você é capaz de ver. Você simplesmente vê o que é certo e o que é errado. E, quando você vê o que é certo e o que é errado, você não pode fazer o errado, você não pode ir contra o certo.

O meditador, naturalmente, segue o que é bom — não que ele decida segui-lo — e naturalmente ele evita o que é mau. Não que ele decida evitá-lo; o meditador jamais faz quaisquer votos — não há necessidade. Um homem com olhos jamais faz o voto de que: "Eu sempre entrarei pela porta e sairei pela porta. Eu prometo a você, meu Deus, que eu jamais tentarei entrar pela parede. Acredite em mim, eu sou um homem de palavra, eu a manterei, embora eu saiba que haverá tentações". Se alguém estiver dizendo isso, você rirá. "Que absurdo ele está falando! Que tentações são essas!?" Você alguma vez foi tentado pela parede a entrar e sair por ela? Essa tentação não existe.

Buda diz: *"Recebendo todas as opiniões igualmente"* — sem nenhum preconceito, sem nenhuma opinião anterior... Apenas ouça, e observe, todas as espécies de coisas. Seja um espelho puro — isso é meditação. E sem pressa, porque, se você está com pressa, saltará para a conclusão. Você não está realmente interessado na verdade, você está mais interessado na conclusão, porque a conclusão dá conforto, a conclusão dá segurança, a conclusão o faz sentir que você sabe. Ela encobre sua ignorância, ela o faz se sentir seguro e certo.

Desse modo, as pessoas estão sempre prontas para fazer parte de qualquer igreja. Elas não estão prontas para se tornarem livres. Mesmo que às vezes deixem a igreja, elas a deixam somente para se juntar a ou-

tra. O hindu vira muçulmano, o muçulmano vira cristão, o cristão vira hindu. E desse modo vão passando de igreja em igreja, embora continuem a ser as mesmas pessoas, porque a abordagem continua sendo a mesma.

"Sem pressa, com sabedoria, observe a lei." Não tenha pressa. Com pressa, você pode decidir por algo que não é verdadeiro. Só pelo desejo de tomar uma decisão, você pode concluir, pode começar a acreditar. Um verdadeiro pesquisador está pronto para esperar, ele é muito paciente. Mesmo que leve várias vidas, ele está pronto a dedicar vidas.

Pela verdade, vale a pena dedicar tanto tempo quanto você puder.

[33] AMOROSO E DESTEMIDO

Seja silencioso,
e amoroso e destemido.

Buda diz três coisas: *Seja silencioso* — aprenda a ser cada vez mais e mais silencioso — *e amoroso*, porque, se o seu silêncio não for amoroso, ele o tornará insensível. Então, seu silêncio será o de cemitério — inerte, morto. Ele não será um silêncio que celebra, ele não será um silêncio que pode cantar e dançar — ele não será um silêncio que pode florescer em milhares de flores. Por isso, Buda diz em seguida: ele deve ser amoroso.

E o amor só é possível se você for destemido: se você tem medo, você não pode ser amoroso. O homem que tem medo de qualquer coisa — da morte, da polícia, do juiz, do governo... — o homem que tem medo de qualquer coisa não pode amar.

E todo medo é basicamente o medo inspirado pela morte. O medo da polícia também é o mesmo, porque ela pode matar, ela pode atirar em você. O medo do governo não é nada mais do que o medo da violência — o governo pode matar mais impiedosamente do que qualquer outra coisa. Por que esse medo do juiz e da lei? — porque o juiz tem o poder de enviá-lo para a prisão ou pode decretar prisão perpétua. Você tem medo. Mas lá no fundo, todo medo é medo da morte... e a morte é um mito. Ela jamais aconteceu, ela jamais acontece, ela jamais vai acontecer.

O meditador fica sabendo da falsidade da morte e, nesse exato momento, todo o medo desaparece — ele se torna destemido. Quando é destemido, você não é nem covarde nem corajoso, porque ambos estão enraizados no medo. O covarde sucumbiu ao medo e o corajoso está tentando vencer o medo, mas ambos estão preocupados com o medo. E o destemido simplesmente abandonou a coisa toda. Ele nem é corajoso nem é covarde. Ele sabe que não existe morte nenhuma, que não existe nada que temer e que não existe nada que exija coragem.

Essa é uma dimensão diferente, uma transcendência da dualidade covardia e coragem.

Seja destemido, seja amoroso, seja silencioso e você será sábio. Essa é a definição de sabedoria de Buda.

[34] SILÊNCIO

O silêncio não faz de um tolo um mestre.

Essa é uma estranha afirmação de um buda, porque o silêncio tem sido sempre muitíssimo louvado; mas Buda diz a verdade como ela é. Ele não se importa com a tradição.

Na Índia, o silêncio tem sido uma das qualidades mais louvadas, durante séculos. O monge jaina é chamado de *muni* — *muni* quer dizer "o silencioso". Todo seu esforço é para ficar calado, cada vez mais calado. Mas Buda diz: "Mas não seja tolo, só o silêncio não vai adiantar".

Ele pode ajudá-lo a manter sua tolice para si mesmo, mas a tolice irá se acumulando e, mais cedo ou mais tarde, ela será excessiva. Ela acabará transbordando e é melhor deixá-la sair em pequenas doses todos os dias, em vez de acumulá-la e depois vê-la causar uma enchente.

É isso que também tenho observado. As pessoas que ficam caladas por muito tempo tornam-se muito burras, porque seu silêncio é somente na superfície. Lá no fundo, há agitação. Lá no fundo, elas são as mesmas pessoas, com ambição, ciúme, inveja, ódio, violência — inconscientes, com todas as espécies de desejos. Talvez agora elas sejam desejosas de outro mundo, ambicionem o outro mundo, pensando mais em paraíso do que neste mundo e na terra. Mas é a mesma coisa, projetada numa tela maior, projetada na eternidade. Na verdade, a ambição cresceu milhares de vezes. Primeiramente, era por pequenas coisas: dinheiro, poder, prestígio. Agora é por Deus, pelo *samadhi*, pelo *nirvana*. Ela ficou mais condensada e mais perigosa.

Então, o que é preciso fazer? Se o silêncio não pode fazer de um tolo um mestre, então o que pode fazer de uma pessoa um mestre? Consciência. E o milagre é que, se você se torna consciente, o silêncio o segue como uma sombra.

Mas, nesse caso, o silêncio não é praticado — ele vem por conta própria. E, quando o silêncio vem por conta própria, ele tem uma tremenda beleza em si. Ele é vivo, ele tem uma canção no seu âmago mais profundo. Ele é amoroso, ele é bem-aventurado. Ele não é vazio; ao contrário: é uma plenitude. Você fica tão cheio, que pode abençoar o mundo todo e, ainda assim, suas fontes continuam inesgotáveis; você continua dando e não será capaz de esgotar a fonte. Mas isso acontece por meio da consciência.

Essa é a verdadeira contribuição de Buda — sua ênfase na consciência.

O silêncio se torna secundário, o silêncio se torna uma conseqüência. A pessoa não faz do silêncio a meta — a meta é a consciência.

[35] É DOCE SER LIVRE

Olhe para dentro — a elevação e a queda.
Que felicidade! Como é doce ser livre!

Buda traz uma visão totalmente nova de meditação ao mundo. Antes de Buda, meditação era algo que você tinha de fazer uma ou duas vezes por dia, uma hora de manhã, uma hora à noite, e isso era tudo. Buda deu uma interpretação totalmente nova a todo o processo de meditação. Ele disse: Essa espécie de meditação que vocês fazem — de uma hora de manhã, uma hora à noite —, vocês podem fazer cinco vezes, quatro vezes por dia; ela não tem muito valor. Meditação não é algo que você possa fazer separado da sua vida, só por uma hora ou quinze minutos. Meditação tem de se tornar sinônimo da sua vida — tem de ser como a respiração. Você não pode respirar uma hora de manhã e uma hora à noite, caso contrário, a noite nunca virá. Ela tem de ser algo como a respiração: mesmo enquanto você está dormindo, a respiração continua. Você pode cair em coma, mas a respiração continua.

Buda diz que a meditação tem de se tornar um fenômeno constante; somente assim ela pode transformá-lo. E ele desenvolveu uma nova técnica de meditação.

Sua maior contribuição para o mundo é a *vipassana*; nenhum outro professor deu um presente tão maravilhoso ao mundo. Jesus é belo, Mahavira é belo, Lao Tzu é belo, Zaratustra é belo, mas a contribuição deles, comparada a de Buda, não é nada. Mesmo que todos sejam postos juntos, a contribuição de Buda ainda é maior, porque ele deixou um admirável método científico — simples, porém tão penetrante que, uma vez que você se sintonize com ele, ele se torna um fator constante em sua vida.

Depois disso você não precisa fazê-lo — você só tem de fazê-lo no início. Depois que você pega o jeito, ele permanece com você; você não precisa mais fazê-lo. Daí em diante, seja o que for que você esteja fazendo, ele está presente. Ele se torna uma tela de fundo, um plano de fundo para sua vida. Você está andando, mas você anda meditativamente. Você está comendo, mas você come meditativamente. Você está dormindo, mas você dorme meditativamente. Lembre-se, até a qualidade do sono de um meditador é totalmente diferente da qualidade do sono de um não-meditador. Tudo se torna diferente, porque entrou em cena um novo fator, que muda toda a *gestalt*.

Vipassana simplesmente quer dizer "observar sua respiração", olhar para sua respiração. Ele não é como o *pranayama* do yoga. Não se trata de imprimir outro ritmo à respiração, com respiração profunda ou respiração rápida. Não, ele não muda em nada sua respiração — ele não tem nada a ver com o modo de você respirar. A respiração é somente usada como um artifício para observar, porque ela é um fenômeno constante em você. Você pode simplesmente observá-la, e ela é o mais sutil dos fenômenos. Se você conseguir observar sua respiração, então será fácil para você observar seus pensamentos.

Uma contribuição extremamente importante de Buda foi a descoberta da relação entre respiração e pensamento. Ele foi o primeiro homem em toda a história da humanidade que tornou absolutamente claro que a respiração e o pensamento estão profundamente relacionados. A respiração é a parte corporal do pensamento e o pensamento é a parte psicológica da respiração. Eles não estão separados, são dois aspectos da mesma moeda. Ele é o primeiro homem que fala de *corpomente* como uma unidade. Ele fala pela primeira vez sobre o homem como um fenômeno psicossomático. Ele não fala sobre corpo e mente, ele fala sobre *corpomente*. Eles não são duas coisas diferentes; portanto, nenhum "e" é necessário para juntá-los. Eles já são uma coisa só — *corpomente* — nem mesmo um hífen é necessário: *corpomente* é um fenômeno. E cada processo corporal tem sua contraparte na sua psicologia e vice-versa.

Os meditadores constataram um fato: quando a mente cessa totalmente, a respiração também cessa. E, então, surge um grande medo. Não tenha medo — muitos meditadores têm me relatado: "Nós ficamos com muito medo, muito amedrontados, porque, de repente, percebemos que a respiração tinha parado". Naturalmente a pessoa pensa que, quando a respiração pára, a morte está próxima. É só uma questão de segundos; você está morrendo. A respiração pára na morte; a respiração também pára na meditação profunda. Desse modo, a meditação profunda e a morte têm algo em comum: em ambas, a respiração pára.

Por esse motivo, se um homem conhece a meditação, ele também conheceu a morte. Eis por que o meditador fica livre do medo da morte: ele sabe que a respiração pode parar e, ainda assim, ele continua existindo. Respiração não é vida: a vida é um fenômeno muito maior. A respiração é somente uma conexão com o corpo. A conexão pode ser cortada — isso não significa que a vida tenha terminado. A vida ainda está presente: a vida não termina só com o desaparecimento da respiração.

Buda diz: Observe sua respiração; deixe-a normal, como ela é. Sentando-se silenciosamente, observe sua respiração. A postura sentada também ajudará; a postura de Buda, a postura de lótus, é de grande ajuda. Quando sua coluna está ereta e você está sentado na postura de lótus, com as pernas cruzadas, sua coluna fica alinhada com as forças gravitacionais, e o corpo fica no seu estado mais relaxado. Deixe a coluna ficar ereta e o corpo ficar solto, sustentado pela coluna — não tenso. O corpo deve ficar solto, relaxado, e a coluna ereta; assim, a gravidade tem a menor força de tração sobre você.

Por essa razão, a postura de lótus é algo valioso. Ela não é somente um fenômeno corporal; ela afeta a mente, ela muda a mente. Sentar-se na postura de lótus — o mais importante é que sua coluna fique ereta e faça um ângulo de noventa graus com a terra. Esse é o ponto em que você é capaz de ficar mais inteligente, mais alerta e o menos adormecido possível.

E então observe sua respiração, a respiração natural. Você não precisa respirar profundamente. Não mude a respiração; simplesmente observe-a como ela é. Mas você se surpreenderá com uma coisa: no momento em que você começa a observar, ela muda — porque até mesmo o fato de observar é uma mudança e a respiração não é mais a mesma.

Ligeiras mudanças em sua consciência imediatamente afetam sua respiração. Você pode ver por si mesmo — sempre que observar, você verá que sua respiração fica um pouco mais profunda. Se ela ficar assim por conta própria, tudo bem, mas você não faz isso por vontade própria. Ao observar a respiração, lenta, muito lentamente, você se surpreenderá ao ver que, à medida que ela fica mais serena e calma, sua mente também fica serena e calma. E, se observar a respiração, você é capaz de observar a mente.

Esse é apenas o começo, a primeira parte da meditação, a parte física. A segunda parte é a psicológica. Você passará a observar as coisas mais sutis na sua mente — pensamentos, desejos, lembranças.

E, à medida que você for mais fundo no testemunhar, um milagre começa a acontecer: à medida que você fica vigilante, cada vez menos tráfego acontece na mente, cada vez mais e mais serenidade, silêncio; cada vez mais e mais espaços de silêncio, mais e mais intervalos e intervalos. Os momentos passam e você não cruza com um único pensamento. Lenta, lentamente, passam-se minutos, passam-se horas...

E há uma certa aritmética nisso tudo: se você conseguir ficar absolutamente vazio durante 48 minutos, nesse mesmo dia você se tornará iluminado, nesse mesmo instante você se tornará iluminado. Mas não é uma questão de fazer algum esforço. Não fique olhando para a observação, porque, a cada vez que você olha, um pensamento vem. Você terá novamente de contar desde o comecinho; você volta à estaca zero. Não há nenhuma necessidade de você marcar o tempo.

[36] O CAMINHO RELUZENTE

Tudo surge e acaba. Quando vê isso,
você fica acima da tristeza.
Esse é o caminho reluzente.

O caminho de Gautama, o Buda, é o caminho da inteligência, da compreensão, da consciência, da meditação. Não é o caminho da crença, é o caminho de se ver a própria verdade. A crença simplesmente encobre a ignorância; ela não livra você da ignorância. A crença é uma ilusão que você arma em cima de si mesmo — não se trata de transformação.

E as pessoas que se acham religiosas são apenas crentes; não são religiosas. Elas não têm nenhuma clareza, nenhuma compreensão, nenhum vislumbre interior da natureza das coisas. Elas não sabem o que estão fazendo, elas não sabem o que estão pensando. Elas estão simplesmente repetindo convenções, tradições, palavras mortas, proferidas há muito, muito tempo atrás. Elas não podem ter certeza de que aquelas palavras são verdadeiras ou não. Ninguém pode ter certeza, a menos que descubra por si mesmo.

Existe somente uma certeza na vida e essa certeza é sua própria percepção, sua própria visão. A menos que isso aconteça, não se contente — continue descontente. O descontentamento é divino; o contentamento por meio das crenças é estúpido. É por meio do descontentamento divino que a pessoa cresce — mas trata-se de um caminho árduo. O caminho da crença é simples, conveniente, confortável. Você não precisa fazer nada. Você tem somente de dizer "sim" para as autoridades; as autoridades da igreja, do estado. Você tem simplesmente de ser um escravo para as pessoas que estão no poder.

Mas, para seguir o caminho de Buda, a pessoa tem de ser rebelde. A rebeldia é o sabor essencial desse caminho; ele é somente para o espí-

rito rebelde. Mas somente as pessoas rebeldes têm espírito, somente elas têm alma. Os outros são ocos, vazios.

Estes sutras de hoje são de imensa beleza e verdade. Medite sobre eles:

Tudo surge e acaba.
Quando vê isso,
Você fica acima da tristeza.
Esse é o caminho reluzente.

Este é um mundo muito estranho. Tudo é momentâneo; contudo, toda coisa momentânea lhe dá a ilusão de ser permanente. Tudo são apenas bolhas de sabão, brilhando lindamente sob os raios do sol, talvez cercadas pelo arco-íris, uma bela aura de luz — mas uma bolha de sabão é uma bolha de sabão! A qualquer momento... ela se desfará e sumirá para sempre. Mas, durante aquele momento, ela pode enganá-lo.

E o mais estranho é que você já foi enganado milhares de vezes; ainda assim, não toma consciência. Novamente, uma outra bolha de sabão e você acreditará. A sua falta de inteligência parece ilimitada! Quantas vezes você precisa ser martelado? Quantas vezes seus sonhos têm de ser reprimidos e despedaçados? Quantas vezes a vida tem de provar que o apego é absurdo? Pare de se apegar e, então, você irá além da tristeza. O apego é a causa-raiz da tristeza.

Buda diz: *Tudo surge e acaba. Quando você vê isso*... Ele não está dizendo: "Acredite nisso". Ele não está dizendo: "Eu me tornei iluminado; assim, o que quer que eu diga, você tem de acreditar". Ele não está dizendo: "Como as escrituras estão a meu favor, você tem de acreditar em mim". Ele não está dizendo: "Como eu posso provar isso logicamente, você tem de acreditar em mim".

Veja a beleza do homem. Ele diz: *"Quando vê isso, você fica acima da tristeza"*. Nesse exato momento, quando você vê isso — que tudo é momentâneo e tudo é um fluxo e tudo está *fadado* a mudar... Faça qualquer coisa que queira fazer, mas nada vai se tornar permanente nesta vida. Quando você vê isso com seus olhos, e você o compreende por meio de sua própria inteligência, você se vê de repente além da tristeza.

O que acontece? Uma grande revolução acontece nessa visão: a própria visão é a revolução. Então, você não se apega. No momento em que você vê que isso é uma bolha de sabão, você não se apega a ela. Na verdade, se você se agarrar a ela, forçará a bolha a estourar mais cedo. Se você não agarrá-la, ela pode permanecer ali, dançando ao vento por um tempo. O não-apego pode alegrar a vida; o apego não pode alegrar a vida.

Se você *vê*, você pode se alegrar; então, trata-se apenas de um jogo. Depois disso, tudo fica totalmente diferente; trata-se de um grande teatro. Depois disso, toda a terra se torna apenas um palco onde todo mundo está interpretando o papel que lhe cabe.

Olhe à sua volta. Tudo está mudando. É como um rio correndo e correndo... — e você quer retê-lo? Ele é mercúrio! Se tentar segurá-lo, você perderá mais cedo do que antes. Não tente segurá-lo. Observe alegremente, silenciosamente. Testemunhe o jogo, o sonho... e você estará acima da tristeza.

[37] O CAMINHO DA LUCIDEZ

Existência é sofrimento.
Compreenda, e vá além do sofrimento.
Esse é o caminho da lucidez.

A dor nasce do apego às coisas momentâneas que você não pode tornar permanentes. Isso não está na natureza das coisas. É contra a lei universal. É contra o *dhamma*, é contra o *Tao*. Você não pode vencer. Se você luta contra a lei universal, você trava uma batalha perdida; você simplesmente gastará energia. O que vai acontecer está fadado a acontecer — nada pode ser feito quanto a isso.

Tudo o que você pode fazer tem relação com a sua consciência. Você pode mudar sua visão. Você pode ver as coisas sob uma luz diferente, num contexto diferente, num novo espaço, mas você não pode mudar as coisas. Se você pensar no mundo como algo muito verdadeiro, você sofrerá; se você vir o mundo como um sonho estranho, você não sofrerá. Se pensar em termos de entidades estáticas, você sofrerá. Se você pensar em termos de substantivos, você sofrerá. Mas se pensar em termos de verbos, você não sofrerá.

Os substantivos não existem. Eles existem somente nas línguas; na realidade, não existe nenhum substantivo. Tudo é verbo, porque tudo está mudando e tudo está num processo — jamais é estático, é sempre dinâmico.

A segunda coisa que Buda diz é isto: *"Existência é sofrimento"*. *Ser* é sofrimento. O ego é sofrimento. Primeiro ele diz: Veja o mundo como um sonho, flutuando, mudando, novo a cada momento. Desfrute-o, desfrute sua renovação constante, desfrute todas as surpresas que ele traz. É belo que ele esteja mudando, nada está errado quanto a isso; apenas não se apegue a ele.

Por que você se apega? Você se apega porque você tem outra falácia: a de que você *é*.

A primeira falácia é que as coisas são estáticas e a segunda falácia é que *você* é, que você tem um ego estático. As duas caminham juntas. Se você quer se apegar, você precisa de algo ao qual se apegar; se você não tem nenhuma necessidade de se apegar, não há nenhuma necessidade de algo para se apegar. Vá fundo nisto: se você não precisa se apegar, o ego não é nem um pouco necessário; ele será inútil. Na verdade, ele não pode existir sem apego.

O dançarino só pode existir se ele dança. Se a dança pára, onde está o dançarino? O cantor existe somente na canção. O caminhante existe somente na caminhada. Assim é o ego: o ego existe somente no apego, na posse das coisas, no domínio das coisas. Quando não há nenhuma dominação, nenhum desejo de dominar, nenhum desejo de se apegar, nenhum desejo de possuir, o ego começa a evaporar. Do lado de fora, você pára de se apegar e, do lado de dentro, uma nova claridade começa a surgir. O ego desaparece com toda a sua fumaça; o ego desaparece com todas as suas nuvens. Ele não pode existir, porque não pode mais ser nutrido. Para ele existir, ele tem de se apegar. Ele tem de criar o "meu", a "minha", e ele vai criando o "meu" e a "minha" — de todos os modos possíveis e impossíveis.

O "eu" existe somente como uma ilha no oceano do "meu" e da "minha". Se você pára de chamar as coisas de "minhas", o ego desaparecerá por conta própria.

Nem a esposa é sua, nem o marido, nem os filhos. Tudo pertence ao todo. Sua reivindicação é tolice. Nós viemos de mãos vazias para este mundo e vamos partir deste mundo de mãos vazias. Mas ninguém quer saber da verdade — ela fere. De mãos vazias viemos e de mãos vazias iremos. A pessoa começa a ficar insegura, começa a ficar com medo. A pessoa quer estar cheia, não vazia. É melhor estar cheio de qualquer coisa — de qualquer lixo — do que vazio. O vazio se parece com a morte, e nós não queremos a verdade. Fazemos de tudo para viver na conveniência, mesmo que essa conveniência se baseie em ilusões.

— Exijo uma explicação! E quero a verdade! — gritou o marido irado, ao descobrir a mulher na cama com seu melhor amigo.

— Decida-se, George — disse ela calmamente. — Você não pode ter os dois!

Ou você pode ter uma explicação ou a verdade. E as pessoas estão mais interessadas nas explicações do que na verdade, daí tantas filosofias. Elas são todas explicações: explicações para explicar satisfatoriamente as coisas, não para lhes dar a verdade; explicações para criar uma grande fumaça e, desse modo, você não precisa ver a verdade. E a insistência de Buda é para que você a *veja* — porque, sem vê-la, você não pode ficar acima da dor.

[38] PALAVRAS

Domine suas palavras.

No geral, a mente está cheia de palavras — relevantes, irrelevantes, bobagens; todas as espécies de palavra vão se juntando dentro de você. Duas pessoas estão conversando; você simplesmente ouve e essas palavras tornam-se parte da sua mente — por nenhuma outra razão, acidentalmente. Você ouviu duas pessoas conversando. Você fica preocupado. Você vai e lê as placas de trânsito e aquelas palavras tornam-se parte do seu ser. Você lê anúncios desnecessários. Nas revistas, as pessoas lêem anúncios mais do que qualquer coisa. Ou você continua fofocando, sabendo perfeitamente bem que isso é simplesmente inútil, pura perda de tempo e de energia. Mas as palavras vão se acumulando dentro de você como poeira, camadas sobre camadas, e seu espelho ficará coberto por elas.

Buda diz: *"Domine suas palavras"*. Seja telegráfico. Ouça somente aquilo que é significativo, leia somente o que é significativo. Evite o desnecessário, o irrelevante. Fale somente aquilo que vai ao ponto. Torne cada uma de suas palavras seu coração. Não viva simplesmente falando coisas como se você fosse um disco na vitrola.

Maria estava sentada no sofá quando a mãe entrou e acendeu a luz.

— O que houve, meu bem? Por que você está sentada aí no escuro? Você e o João brigaram? — perguntou a mãe.

— Não, nada disso. Na verdade, João me pediu em casamento... — respondeu a filha.

— Bem, então por que você parece tão triste?

— Ah, mãe, é que eu não sei se eu poderia me casar com um publicitário.

— Mas o que há de errado em se casar com um homem que trabalha com publicidade?

— Bem, mãe, como você se sentiria se um homem que estivesse lhe propondo casamento lhe dissesse que é uma oferta especial imperdível, uma chance única na sua vida, que nunca mais irá se repetir?

Exatamente como um disco de gramofone! Ele pode nem estar ciente do que está dizendo, talvez repetindo um hábito. Ele é habilidoso nisso — tornou-se parte da mente dele. Pode estar se repetindo; ele pode não ter nenhuma consciência do que está fazendo.

Quando Buda diz "domine suas palavras", ele quer dizer "fique consciente". Por que você está dizendo isso? Para quem? Qual é o propósito? Seja claro ou então fique em silêncio. É melhor não carregar os outros com o seu lixo. Se você puder trazer luz, bom; se você puder trazer alívio, bom; caso contrário, é melhor ficar quieto.

[39] PENSAMENTOS

Domine seus pensamentos.

Os pensamentos não param dentro da sua cabeça. Observe por alguns minutos e você se surpreenderá: a mente parece louca! Ela pula de um pensamento para outro sem nenhuma razão. Basta um cachorro começar a latir na vizinhança e sua mente aproveita a deixa. Você se lembra do cachorro que tinha na infância e que o cachorro morreu... e você começa a ficar triste. E, por causa da morte daquele cachorro, você começa a pensar na morte, e na morte da sua mãe, na morte do seu pai... E você fica com raiva, porque nunca se deu bem com a sua mãe... Havia sempre um conflito... O cachorro ainda está latindo, completamente inconsciente do que fez. E você já está há quilômetros dali!

Qualquer coisa pode disparar um processo em você. Esta é uma espécie de escravidão: você está à mercê de acidentes. Isso não é domínio. E um *saniasin*, um buscador, tem de ser um mestre. Ele pensa somente se quiser pensar; se ele não quiser, ele simplesmente desliga a mente. Ele sabe como ligá-la e como desligá-la.

Você não sabe como ligá-la, você não sabe como desligá-la — ela funciona sem parar. Começa a funcionar na infância e continua funcionando até você morrer. Setenta anos, oitenta anos, funcionando continuamente — tanto trabalho e, portanto, você não pode esperar nada grandioso vindo dela, porque ela está completamente cansada. Não sobrou muita energia: ela continua vazando por todos os lados. Se você conseguir desligá-la... — eis o que é meditação: a arte de desligar a mente. Se você conseguir desligá-la, ela juntará energia.

Se por algumas horas, todos os dias, você ficar sem a mente, você juntará tanta energia que essa energia o manterá jovem, rejuvenescido, criativo. Essa energia lhe permitirá ver a realidade, a beleza da existência, a alegria da vida, a celebração. Mas, para isso, você precisa de energia.

[40] TONTO E DISTRAÍDO

A morte surpreende o homem que, tonto e distraído pelo mundo, importa-se somente com seu rebanho e com os filhos. A morte o leva embora como uma enchente leva uma aldeia adormecida.

Os grandes avanços da medicina nos dão a idéia de que vamos viver para sempre. A medicina tem certamente nos ajudado a viver um pouco mais do que antes, mas isso simplesmente significa um pouco mais: a mesma infelicidade, o mesmo desejo, a mesma luxúria, a mesma servidão.

A medicina pode ser capaz de estender a vida. Parece muito possível agora que o homem possa começar a viver mais que cem anos em média. Há quem pense que as pessoas podem viver pelo menos trezentos anos muito facilmente. Mas qual é a finalidade? Quer você viva setenta anos ou setecentos anos, você será a mesma pessoa estúpida. Na verdade, em setecentos anos, sua estupidez crescerá muitíssimo! E, se a morte for adiada por setecentos anos, quem se importa? Ela não vai acontecer tão cedo... e a humanidade não tem percepção suficiente para divisar tão longe.

Nós vivemos cercados de coisas pequenas. Vemos somente até aqui, só um pouquinho adiante, o bastante para andar. Setecentos anos... Isso fará as religiões desaparecerem da face da terra, porque o homem não é tão inteligente que possa ficar ciente da morte se a morte for adiada por setecentos anos. Ele não é nem mesmo bastante inteligente para vê-la após setenta anos! Que dizer de setecentos anos!

Tenho visto pessoas com setenta anos e ainda assim nada interessadas em meditação. Estranho, muito estranho. Eu não posso acreditar. Um homem de setenta anos ainda não está interessado em meditação!? Isso simplesmente quer dizer que ele ainda não é capaz de ver a morte, e a morte está muito próxima. A qualquer momento, ela acontece.

Buda quer que você se lembre da morte continuamente. Não pense que ele é pessimista. Não pense que ele é obcecado pela morte — não, absolutamente não. Ele simplesmente quer que você se lembre da morte, de modo que a espada da morte, suspensa sobre você, o mantenha consciente, alerta.

[41] CONFINADO PARA SEMPRE

Se você é feliz
à custa da felicidade de outro homem,
você está confinado para sempre.

Desde a mais tenra infância, começamos a envenenar as crianças com o veneno da competitividade. Quando sair da universidade, a pessoa estará completamente envenenada. Nós a hipnotizamos com a idéia de que ela tem de lutar contra os outros, que a vida é uma sobrevivência dos mais bem adaptados. Assim a vida jamais pode ser uma celebração. A vida jamais pode ter nenhuma espécie de religiosidade nela. Não pode ter nenhuma qualidade sagrada. Ela é totalmente medíocre, feia.

Buda diz: *"Se você é feliz à custa da felicidade de outro homem, você está confinado para sempre"*.

Naturalmente. *Se você é feliz à custa da felicidade de outro homem...* — e é assim que você pode ser feliz, não há nenhum outro jeito. Se você encontra uma bela mulher e, de alguma forma, dá um jeito de possuí-la, você arrancou-a das mãos de outra pessoa. Nós fazemos as coisas parecerem tão belas quanto possíveis, mas isso é somente aparência. Mas aqueles que perderam no jogo estão com raiva, enfurecidos. Eles esperarão pela oportunidade de vingança e, mais cedo ou mais tarde, a oportunidade aparecerá.

Seja o que for que você possua neste mundo, você possui à custa de outra pessoa, à custa do prazer de outro. Não há outro meio. Se você realmente não quer ser inimigo de ninguém neste mundo, você tem de abandonar toda a idéia de possessividade. Use o que quer que aconteça de estar com você no momento, mas não seja possessivo. Não tente reivindicar nada como se fosse seu. Nada é seu, tudo pertence à existência.

Nós viemos de mãos vazias e partiremos de mãos vazias; então para que reivindicar tanta coisa nesse meio tempo?

Mas isso é o que sabemos fazer, o que o mundo nos ensina: possua, domine, tenha mais do que os outros têm. E pode ser dinheiro ou pode ser virtude: não importa em que espécie de moeda você negocia — elas podem ser mundanas, podem ser do outro mundo, mas seja muito habilidoso, caso contrário, você será explorado. Explore e não seja explorado — essa é a mensagem sutil que você recebe, junto com o leite da sua mãe. E toda escola, colégio, universidade está enraizada na idéia de competição.

Uma educação verdadeira não lhe ensinará a competir: ela lhe ensinará a cooperar. Ela não lhe ensinará a lutar e chegar primeiro. Ela lhe ensinará a ser criativo, a ser amoroso, a ser bem-aventurado, sem nenhuma comparação com o outro. Ela não lhe ensinará que você só pode ser feliz se for o primeiro. Isso é puro absurdo. Você não pode ser feliz só por ser o primeiro. E tentando ser o primeiro, você passa por tanto tormento que, na hora em que se torna o primeiro, você já se habituou ao tormento.

Uma educação verdadeira não lhe ensinará a ser o primeiro. Ela lhe ensinará a desfrutar seja o que for que você esteja fazendo, não pelo resultado, mas pelo ato em si. Somente assim a existência pode fluir através de você. Somente assim ela usa suas mãos e seus dedos e seu pincel. Somente assim algo de soberba beleza pode nascer.

Nunca é *por* você, mas somente *através* de você. A existência flui; você se torna somente uma passagem. Você deixa acontecer, eis tudo — você não impede, eis tudo.

Não pense no resultado, absolutamente. Simplesmente entregue-se inteiro ao que você está fazendo. Perca-se naquilo. Deixe que o agente se perca no fazer. Não *"seja"* — deixe suas energias criativas fluírem sem impedimento.

[42] LONGA É A ESTRADA

E para o andarilho, como é longa a estrada,
vagando por muitas vidas! Deixe-o descansar.
Não o deixe sofrer. Não o deixe cair no sofrimento.

Quanto tempo faz que você está vagando! Quando vai decidir ficar acordado? Você já dormiu por tempo suficiente. Já é hora de acordar e começar uma espécie de vida totalmente nova, que é vivida a partir de dentro. Acenda uma chama interior de consciência e, então, onde quer que você esteja, tudo é alegria.

Você precisa repousar, você já vagou o bastante. Você está cansado, extremamente cansado, fatigado, enfadado.

A hora é agora. Não sofra mais. Não caia repetidamente no sofrimento. Cair no esquecimento é sofrimento; lembrar-se é sair do sofrimento. E o descanso é o principal passo para a lembrança, para a consciência. O relaxamento é toda a arte da meditação e da bem-aventurança.

Como você pode descansar com tantos desejos? Eles continuam deixando você infeliz. Você só pode descansar se aprender o segredo do estado de não-desejo; se você aprender a viver o momento, sem nenhum futuro; se você aprender a viver sem nenhuma esperança no futuro; se você aprender a viver concentradamente no presente — totalmente envolvido no momento, nem atormentado pelo passado, nem atormentado pelo futuro, relaxado, à vontade —, então a meditação e a bem-aventurança, ambas, ficam fáceis; um espontâneo crescimento que nasce de um coração descansado, de um ser relaxado.

[43] SENTE-SE. REPOUSE. TRABALHE.

Zazen significa simplesmente sentar-se sem fazer nada. A primeira coisa a fazer é aprender a se sentar, numa profunda tranqüilidade. Torne-se um lago de repouso, sem a menor ondulação de desejo, nenhum movimento para qualquer lugar, nenhuma ambição... — nem mesmo por Deus, nem mesmo pelo nirvana.

Sente-se... — não apenas fisicamente, mas psicologicamente, espiritualmente também. Aprenda a sentar-se — isso é zazen. E repouse — e caia num profundo repouso; assim a respiração fica natural, o corpo fica calmo, toda a febre dos constantes desejos e tormentos desaparece, evapora.

E então, trabalhe. Esse trabalho terá uma qualidade totalmente diferente. Ele não sairá do desejo — ele será criativo. Ele acontece porque você tem tanta energia disponível, que gostaria de compartilhar sua energia com o mundo, que gostaria de criar algo, que gostaria de fazer o mundo um pouco mais belo, um pouco mais bem-aventurado, um pouco mais humano.

Sente-se. Repouse. Trabalhe.

Deixe que essas três palavras mergulhem fundo no seu coração. Aprenda a se sentar silenciosamente, tranqüilamente, sem lutar consigo mesmo, relaxado. Não numa postura de yoga, lembre-se, porque a postura de yoga é um esforço constante. Nenhuma postura de yoga é necessária. Sente-se de um modo que você se sinta relaxado — até uma cadeira servirá.

Buda se sentava no chão; isso era fácil naqueles tempos. Você pode se sentar na postura que preferir. Você pode usar uma almofada, uma almofada zen, para se sentar nela; pode usar uma cadeira. A questão não está na postura; a questão está no repouso interior.

Fique à vontade... E, quando a energia se acumular em você, comece a ser criativo. Pinte, cante, dance, ou faça o que quer que você gos-

te de fazer, para tornar este mundo um pouco mais belo, um pouco mais caloroso.

Nós temos que criar um paraíso na terra.

[44] POEIRA NA ESTRADA

Faça o que você tem de fazer resolutamente, com todo o coração. O viajante que hesita somente levanta poeira na estrada.

Buda diz: *Faça o que você tem de fazer resolutamente...* Mas, por resolução, ele não quer dizer vontade, como costuma ser definido nos dicionários. Buda é obrigado a usar as palavras de vocês, mas ele dá um novo significado às palavras. Por "resolução" ele quer dizer "com um coração resoluto" — não com força de vontade, mas com um coração decidido. E lembre-se: ele enfatiza a palavra "coração", não "mente". A força de vontade faz parte da mente. Um coração resoluto é um coração sem problemas, um coração que não está mais dividido, um coração que chegou a um estado de tranqüilidade, de silêncio. Eis o que ele chama de "um coração resoluto".

Faça o que tem de fazer resolutamente, com todo o coração. Lembre-se da ênfase no coração. A mente jamais pode ser uma só — por natureza, ela é muitas. E o coração é sempre um — por natureza, ele não pode ser muitos. Você não pode ter muitos corações, mas você pode ter muitas mentes. Por quê? Porque a mente vive na dúvida e o coração vive no amor. A mente vive na dúvida e o coração vive na confiança. O coração sabe confiar; é a confiança que faz dele um. Quando confia, de repente você fica centrado.

Daí o significado de confiança. Não importa se sua confiança é na pessoa certa ou não. Não importa se sua confiança será explorada ou não. Não importa se você será enganado por causa da sua confiança ou não. Há toda a possibilidade de você ser enganado — o mundo é cheio de enganadores. O que importa é que você confiou. É a partir da sua confiança que você se torna íntegro, o que é muito mais importante do que qualquer outra coisa. Não é uma questão de primeiro se certificar se a pessoa é digna de confiança ou não. Como se certificar? E quem vai averiguar?

Vai ser a mente, e a mente só sabe duvidar. Ela duvidará. Ela duvidará mesmo de um homem como Cristo ou Buda. Ela não pode nem ajudar a si mesma.

Assim, lembre-se: confiar não quer dizer que primeiro você tem de averiguar, que primeiro você tem de se certificar, de garantir e, então, confiar. Isso não é confiança, isso de fato é dúvida — como você esgotou as possibilidades de duvidar, daí você confia. Se uma outra possibilidade de dúvida surgir, você duvidará novamente. Confie apesar de todas as dúvidas, apesar do que o homem é ou do que o homem vá fazer. Isso é do coração, vem do amor.

Quando você confia e ama com um coração resoluto, isso traz transformação. Depois disso, você nunca hesita. A hesitação simplesmente o deixa em pedaços.

Dando um salto quântico, sem nenhuma hesitação ou apesar de todas as hesitações, você se torna íntegro. A hesitação desaparece, você se torna um. E tornar-se um significa libertar-se — libertar-se da própria multidão estúpida que existe dentro de você, libertar-se de seus pensamentos e desejos e memórias, libertar-se da própria mente.

[45] AQUIETE-SE

*Se você não consegue se aquietar,
o que vai aprender? Como vai se tornar livre?*

Encare a vida e suas questões e suas realidades por si mesmo, mesmo que suas próprias respostas não sejam tão boas — elas não podem ser. É claro, você não pode responder como um buda, mas tomando emprestado alguma resposta de Buda, você nunca será inteligente o bastante para você mesmo se tornar um buda. Sim, você cometerá erros, muitos erros. Sim, você se extraviará muitas vezes; vá, não fique preocupado! A vida foi feita para isso, de modo que você possa experimentar. É por meio de tentativas, muitos erros, muitos enganos, que a pessoa aprende. Quando você aprende pelo seu próprio esforço, você fica inteligente. E somente uma pessoa inteligente pode ver a beleza da meditação, pode compreender o significado da meditação.

Se você não consegue se aquietar, o que vai aprender?

E todo aprendizado acontece por meio da meditação; ele não acontece por meio do estudo. Isso é acumular informação, não é aprender. Fique sempre alerta sobre o conhecimento que toma emprestado: por mais precioso que pareça, ele é todo falso; pseudoconhecimento para você. Ele não é pseudoconhecimento para o homem que o viveu. Ele é verdadeiro para Buda, verdadeiro para Jesus, verdadeiro para Krishna, mas não para você. Você terá de viver...

Buda também tinha as escrituras à disposição dele. Ele poderia ter lido Krishna — o *Gita* estava à disposição. E ele era instruído — era filho de um rei. Todas as escrituras devem ter estado à disposição dele e grandes eruditos e grandes professores estiveram à disposição dele. Ele poderia ter recitado o *Gita* todos os dias — ele poderia ter aprendido o *Gita* tão a fundo, que teria sido capaz de repeti-lo de memória, mas, então, ele teria perdido a condição de buda.

E no tempo de Krishna, os *Vedas* também estavam à disposição, mas Krishna não tomou emprestado o conhecimento dos *Vedas*. No tempo de Jesus, o Velho Testamento estava à disposição, mas Jesus tentou descobrir a verdade por si mesmo. Isso é algo muito essencial a ser compreendido: a verdade tem de ser descoberta pela própria pessoa. Somente então ela é liberação; caso contrário, ela se torna uma escravidão — uma bela escravidão, mas assim mesmo uma escravidão.

E se você não pode aprender... Como vai se tornar livre?

É somente vivendo a verdade por si mesmo que a liberdade acontece. A liberdade é a fragrância da experiência da verdade.

[46] O CAMINHO VERDADEIRO

Veja o que é. Veja o que não é.
Siga o caminho verdadeiro.

Gautama, o Buda, deu ao mundo a religião mais psicológica. Ela é incomparável: nenhuma outra religião chega sequer perto dela. Suas alturas, suas profundezas são tremendas. E a razão por que Buda conseguiu dar uma visão da vida tão bela é muito simples: ele não acreditou; ele investigou, ele explorou. Ele não acreditou na tradição, ele não acreditou nas escrituras, ele não acreditou nos sacerdotes.

Este foi um dos seus fundamentos: a menos que você saiba, você não sabe. Você pode tomar emprestado o conhecimento, você pode tornar-se instruído, bem informado, um erudito, um pândita, um professor, mas você não será capaz de ser alguém que realmente vê. Lá no fundo, a ignorância persistirá e afetará sua vida. Lá no fundo, você permanecerá o mesmo eu infantil, imaturo, sem base, descentrado, desintegrado. Você não será capaz de ser um indivíduo, não terá nenhuma autenticidade. Você será pseudo, aparente, falso.

Trata-se de um salto quântico dentro do desconhecido. Quando você não acredita na tradição, quando você não acredita nas escrituras, quando você não acredita em nada, exceto na sua própria experiência, você está rumando para o desconhecido inteiramente sozinho. Isso exige peito, exige coragem. E somente uma pessoa corajosa pode ser verdadeiramente religiosa.

Os covardes estão lá nas igrejas, nos templos, nas mesquitas aos milhões, mas eles não criam nenhuma beleza religiosa, nenhuma fragrância religiosa no mundo. Eles não tornam o mundo mais belo, mais vivo, mais sensitivo. Eles não criam nada. Eles apenas continuam cumprindo formalidades, rituais. Eles mesmos estão mortos e continuam iludindo os outros. Eles mesmos estão iludidos.

O conhecimento emprestado cria uma grande ilusão, porque você começa a se sentir como se soubesse — e esse "como se" é um enorme "como se".

A verdade liberta, a crença cega. A verdade liberta, porque ela tem de ser sua; ela tem de ser uma experiência interior, um encontro com aquilo que é.

Buda é um descrente. Ele não é ateu como Karl Marx ou Friedrich Nietzsche; nem é teísta como todos os sacerdotes de todas as religiões. Ele é agnóstico. Ele nem acredita nem desacredita; ele está aberto. Este é seu grande presente para o mundo: estar aberto para a verdade.

Vá completamente nu, sem conclusões, sem ideologia, sem preconceito. Caso contrário, há toda a possibilidade de que você projete a sua própria idéia. Você não verá aquilo que é, você verá somente aquilo que quer ver. Você estará criando sua própria realidade, que está fadada a ser falsa. A realidade não tem de ser inventada, ela tem de ser descoberta. Ela já está presente. E, lembre-se, não é a realidade que está escondida, são seus olhos que estão cobertos com camadas de poeira.

Buda deu ao mundo uma religião não-metafísica, uma religião psicológica. Ele simplesmente ajuda você a ir além da mente. Ele ajuda você a compreender a mente, porque é somente por meio da compreensão que a transcendência acontece.

[47] VIVER ARDUAMENTE

É doce viver arduamente,
e dominar a si mesmo.

Nós não estamos vivendo arduamente. Nós não estamos tentando escalar novas montanhas, novos cumes. Nós ficamos mais interessados no conforto, na segurança, na proteção. Buda diz:

É doce viver arduamente.

Você alguma vez se divertiu escalando uma montanha? É difícil. Você transpira, a respiração fica difícil, você fica cansado. E então você chega ao pico ensolarado e depois se deita na grama... — e que relaxamento e que alegria brota no seu ser! O silêncio do pico e a árdua escalada, e você chegou; e a alegria de chegar! Você poderia ter sido deixado ali por um helicóptero, mas, nesse caso, não haveria nenhuma alegria. Teria sido confortável.

Edmund Hillary poderia ter chegado ao pico do Everest de helicóptero — teria sido mais fácil —, mas ele tentou do modo difícil. E escreveu: "Eu jamais havia conhecido tamanha bem-aventurança. Quando cheguei ao pico, eu estava sozinho, o primeiro homem no Everest". Ninguém tinha visto o céu daquele ponto, ninguém tinha visto o mundo daquele ponto. Foi puro êxtase. Ele dançou.

Mais cedo ou mais tarde, os ônibus estarão indo até lá e os hotéis estarão lá e os cinemas, e aquilo vai ficar muito confortável. Mas não espere sentir o mesmo êxtase que Edmund Hillary, embora você esteja ali de pé, no mesmo lugar. Você parecerá um pouco bobo e estúpido, eis tudo. E você não entenderá por que Edmundo Hillary dançou;

não verá nenhum motivo para tanto. Por toda a volta, haverá hotéis e centros de informação para turistas e guias e tudo estará ali, disponível — o mundo todo estará ali. Você não verá o porquê de ele ter gargalhado, de ter se divertido, de ter dançado, porque você não sentirá nenhuma dança.

A vida é alegria somente quando você a vive sem artifícios, quando você a vive em todo o seu estado selvagem, quando você a vive naturalmente, espontaneamente. Sim, fatalmente haverá dificuldades, fatalmente haverá perigos, mas eles fazem parte da vida e, sem eles, a vida não será vida absolutamente. E esse é o único modo de dominar a si mesmo.

[48] A SABEDORIA É DOÇURA

E sabedoria é doçura, é liberdade.

Gautama, o Buda, não fala sobre Deus, mas fala sobre amor, liberdade, verdade, autenticidade. Ele fala sobre a religião essencial. Ele não gasta saliva com o céu e o inferno, a teoria da reencarnação... Ele não tem interesse nenhum nos chamados grandes problemas metafísicos. Ele é não-metafísico — em certo sentido, é muito pé no chão. Ele leva isso a sério. Ele quer lhe dar uma ciência que possa transformar a sua vida. Está interessado em criar uma alquimia de revolução interior; assim, o metal mais básico pode ser transformado em ouro. De certo modo, sua religião é única.

Existem três tipos de religião no mundo. O jainismo é a única religião que é enfaticamente ateísta. Ele nega Deus e eleva o homem ao seu ápice supremo. Ele declara que o homem é Deus e que não existe nenhum outro Deus. Com exceção do jainismo, todas as outras religiões — hinduísmo, judaísmo, cristianismo — são teístas. Estão enraizadas na idéia de Deus; sem Deus elas ficarão perdidas, sem saber o que fazer. Elas *estão* perdidas, porque desde que Nietzsche declarou que "Deus está morto", a humanidade, pouco a pouco, tem concordado com Nietzsche. Essa afirmação tornou-se muito profética; ela representa a mente do século XX. E as religiões que têm dependido da idéia de Deus durante séculos estão se sentindo desarraigadas. Elas estão morrendo, definhando.

Buda é único. Ele nem é ateísta como o jainismo, nem teísta como as outras religiões. Ele é um esplêndido agnóstico. Ele diz que não há nenhuma necessidade de se preocupar com coisas desnecessárias. Pense no essencial, pense no intrínseco, e não ligue para os acidentais.

Se você é autêntico, se você é compassivo, se você é meditativo, então, se existe um Deus, ele virá até você. Você não precisa ir à procura dele. E se existe um paraíso, ele descerá no seu coração. Não há nenhuma necessidade de ficar se chateando com essas idéias abstratas; elas são simplesmente uma perda de tempo. E, se você não é autêntico, nem meditativo, nem compassivo, nem sábio o bastante, mesmo que você encontre Deus, o que você irá fazer? Você ficará um pouco embaraçado e Deus ficará um pouco embaraçado vendo você. Os dois ficarão desnecessariamente numa situação estranha — o que dizer, o que fazer, o que não dizer, o que não fazer? Você gostaria de fugir e ele gostaria de fugir.

Pense: se de repente você encontrar Deus, o que fará? Você correrá dele o mais depressa possível!

Buda simplesmente elimina todas as suas esperanças e desejos. Ele não diz que não existe nenhum Deus, também não diz que existe. Ele simplesmente diz que isso é irrelevante. Não interessa se ele existe ou não, isso é absolutamente irrelevante. O que interessa é a sua transformação interior; e a transformação interior não pode ser deixada para amanhã; ela tem que acontecer neste exato momento.

Esse é o problema com Buda: se for com ele, você terá de abandonar suas esperanças, você terá de abandonar seus desejos. Você tem de ficar no presente, completamente silencioso. A partir daí, a vida tem uma nova cor, uma nova alegria, uma nova música. A partir daí, a vida tem uma nova beleza.

[49] SEJA LIVRE

Em todas as coisas, seja um mestre do que você faz e do que você diz e pensa. Seja livre.

A liberdade é o objetivo final da verdadeira religião — não Deus, não o paraíso, nem mesmo a verdade, mas a liberdade. Isso tem de ser compreendido, porque essa é a mensagem essencial de Gautama, o Buda, para o mundo. De acordo com ele, a liberdade é o valor mais elevado, o *summum bonum* — não há nada mais elevado do que isso. Mas por "liberdade" ele não quer dizer "liberdade política", "liberdade social", "liberdade econômica". Por "liberdade" ele quer dizer "liberdade de consciência".

Nossa consciência passa por uma profunda escravidão; estamos acorrentados. Nossa prisão está dentro, não fora. As paredes da prisão não estão do lado de fora de nós; elas existem nos nossos instintos, existem nos nossos desejos, existem na nossa inconsciência.

A liberdade é a meta.

A consciência é o método para se alcançar a meta.

E quando você está realmente livre, você é um mestre; a escravidão desaparece. Em geral, nós parecemos livres, mas não somos. Pode parecer que somos aqueles que escolhem, mas não somos. Estamos sendo arrastados, impulsionados por forças inconscientes.

Quando você se apaixona por uma mulher ou por um homem, você acha que foi você que decidiu isso, que foi escolha sua? Você sabe perfeitamente bem que não pode escolher o amor, não pode se obrigar a amar alguém. Você não é o mestre, você é apenas um escravo de uma força biológica. Eis por que em todas as línguas existe a expressão "cair de amores" — você *cai* no amor: você cai da sua liberdade, cai da sua ipseidade. Se o amor fosse escolha sua, você se ergueria no amor, não cairia de amor. Então, o amor estaria vindo da sua consciência, e ele teria uma qualidade totalmente diferente, uma beleza diferente, uma fragrância diferente.

O amor comum fede — fede de ciúme, raiva, ódio, possessividade. Ele não é, absolutamente, amor. A natureza está forçando você na direção de algo que não é sua escolha; você é apenas uma vítima. Essa é nossa escravidão. Até no amor, somos escravos, o que dizer de outras coisas? O amor parece ser nossa maior experiência; e mesmo esta consiste somente de escravidão, mesmo nesta, apenas sofremos.

As pessoas sofrem mais por amor do que por qualquer outra coisa. O maior sofrimento é que ele o ilude — ele cria a ilusão de que foi você quem escolheu e, logo, logo, você fica sabendo que não foi você quem escolheu: a natureza pregou uma peça em você. Forças inconscientes tomaram posse de você, você está possuído. Você está agindo não por sua conta; você é apenas um veículo. Essa é a primeira infelicidade que a pessoa começa a sentir no amor, e uma infelicidade dispara toda uma cadeia de infelicidades.

Em pouco tempo você percebe que você ficou dependente do outro, de que sem o outro você não pode existir, de que sem o outro você começa a perder todo o senso de significado, de significância. O outro se tornou sua vida, você está completamente dependente; daí os amantes brigarem continuamente, porque ninguém gosta de ser dependente, todos odeiam a dependência. Ninguém gosta de ser possuído por outro alguém, porque ser possuído significa ser reduzido a uma coisa. Toda a humanidade sofre pela simples razão de que todo relacionamento o vai reduzindo, vai tornando o espaço da sua prisão cada vez menor e menor.

Buda diz: Esta vida não é vida de verdade. Você está sendo vivido, você não está realmente vivendo. Você está sendo vivido pelas forças inconscientes. A menos que você se torne consciente, a menos que você tome posse da sua vida, a menos que você se torne independente dos seus instintos, você não será um mestre. E sem ser um mestre, não há bem-aventurança; a vida continua um inferno.

[50] ABANDONE SUAS TRISTEZAS

Ó escravo do desejo, flutue acima da torrente.
Ó pequena aranha, agarre-se à sua teia.
Ou então abandone suas tristezas pelo caminho.

As pessoas acham muito difícil abandonar suas tristezas. De certa forma, na superfície, isso não parece certo. Por que as pessoas deveriam hesitar em abandonar suas tristezas pelo caminho?

Mas a coisa mais difícil que existe é você abandonar suas tristezas, porque você viveu com elas por muito tempo, você está muito afinado com elas, e viver com tristezas conhecidas parece tão aconchegante, tão confortável... — velhos amigos, e abandoná-los...? E de repente todas as suas paredes desaparecerão e você ficará sob o céu aberto, porque suas paredes consistem em nada mais do que tristezas. Sua prisão desaparecerá! — e você viveu na prisão por tanto tempo, durante tantas vidas, que aquilo se tornou seu lar.

Muitos detentos, quando libertados da prisão, estão de volta em três ou quatro meses; eles farão alguma coisa e voltarão para a prisão. Eu costumava visitar as prisões e perguntei a algumas pessoas que retornavam repetidamente à prisão: "O que acontece?".

Elas diziam: "Quando saímos da prisão, é como se estivéssemos deixando o nosso lar! Vivemos aqui dentro tanto tempo e todos os nossos amigos estão aqui". Certo homem disse: "Não somente meus amigos, mas toda a minha família está aqui! Lá fora sou apenas um estranho e começo a sentir saudade; assim, eu tenho de fazer algo e voltar".

Depois que uma pessoa é presa, é muito raro que ela não retorne. Ela voltará novamente, porque a prisão dá certa segurança, certa proteção. Você não precisa se incomodar com nada, você não precisa se preocupar com o amanhã. Na hora certa, o almoço será servido; na hora certa, você irá para a cama; na hora certa, você será acordado de manhã. A vida é tão disciplinada... — como num mosteiro!

Na verdade, mosteiros e prisões não são muito diferentes, só os nomes são diferentes. Os mosteiros são um pouco mais difíceis, eis tudo! As prisões são um pouco mais humanas. E nas prisões modernas, principalmente nos países desenvolvidos, é realmente bom morar ali, com televisão em cores e tudo o mais!

O homem vem melhorando continuamente, durante séculos — ele melhorou suas prisões muito bem! Ele se tornou muito sofisticado, educado, civilizado — e isso não é nada mais do que simplesmente pintar as paredes da prisão, deixando-as belas. E agora, de repente, chega um buda e lhe diz "Venha para fora; abandone suas misérias, suas tristezas"?! Você não pode abandonar suas misérias e tristezas tão facilmente.

Eis por que as pessoas que deixam o mundo, que renunciam ao mundo, criam novas misérias por conta própria. Se não há mais ninguém para criar misérias para elas — se você não tem uma esposa para criá-la, se não há ninguém para apoiá-lo na sua miséria — você mesmo a criará. As pessoas estão dormindo em camas de pregos... Ora, nenhuma esposa as preparam, elas mesmas é que se esforçam para isso! As pessoas estão jejuando, quase se matando. Ora, ninguém está lhes fazendo isso, é idéia delas mesmas.

Os ascéticos são autodestrutivos; eles são suicidas, masoquistas, pervertidos, mas são adorados. Eles são adorados, porque criam suas próprias misérias! Você cultua as pessoas como santas, como *mahatmas*, se elas criam suas próprias misérias. Elas deviam ser internadas em asilos de loucos, deviam ser tratadas! Elas precisam de cuidados médicos. Não são *mahatmas*, são simplesmente masoquistas. Elas renunciaram ao mundo, mas não podem renunciar à miséria; assim, começam a criar suas próprias misérias. E quando uma pessoa cria miséria para si mesma, todos vocês a respeitam. Foi-lhes ensinado que isso é algo grandioso: ela está sacrificando sua vida por Deus.

Deus não é um sádico. Ele não se regala com suas misérias e suas tristezas. Não seja tolo, não seja estúpido! Mas a razão é que as pessoas não podem abandonar suas misérias. Elas podem renunciar ao ouro e aos palácios e ao dinheiro e ao poder; elas podem renunciar a tudo, mas quando chega a hora de renunciar às misérias, isso se torna a coisa mais difícil que já encontraram, porque as misérias têm estado com vocês por tanto tempo, que você não conhece nenhum outro estilo de vida. O único estilo de vida com o qual você se acostumou é a tristeza.

[51] TEMA PERTURBAR A SUA QUIETUDE

Não devolva o que lhe é dado,
nem tente pegar o que é dado aos outros,
tema perturbar a sua quietude.

Não se encha de conhecimento. Mesmo que você venha a se conhecer, não se encha de conhecimento. Mesmo se tiver encontrado Deus, não se encha de conhecimento. Seja o que for que tenha descoberto, esqueça-se de tudo a respeito. Fique novamente inocente. Fique sempre no estado de não-saber; então, muito mais continuará acontecendo a você.

O que comumente acontece quando você entra em meditação é que algo acontece, mas você não se sente grato; ao contrário, você sente que aquilo era um direito seu — na verdade, deveria ter acontecido há muito tempo. Você é uma pessoa tão digna, tão virtuosa, tão santa; e você fez tanto! Por que você deveria ser grato?

Essa é uma abordagem errada; isso significa que você está parando o processo. Na gratidão, muito mais virá a você. Assim, mesmo se um pequeno vislumbre venha a você, sinta-se grato. Um raio de luz e... sinta-se grato, como se todo o sol tivesse vindo até você. E todo o sol virá, seguindo o raio. Mas se você não for grato, você ficará fechado; até mesmo o raio desaparecerá e você novamente ficará na escuridão, de volta à escuridão.

[52] OBSERVE

Aquiete a mente.
Reflita. Observe.

Contemple esses sutras. Tente vivê-los por experiência própria... — porque Buda não é uma pessoa religiosa comum. Ele não está interessado em milagres. Ele não está interessado em nada oculto, esotérico. Ele está interessado em transformá-lo. Ele é muito pé no chão.

Moisés e Jesus estavam jogando golfe no Celestial Country Club. Jesus inicia a partida e acerta o buraco numa tacada. Então, Moisés vem e também acerta na primeira tacada.

— Bem, Moe, até aqui estamos empatados — diz Jesus.

— Olha aqui, Jake — protesta Moisés. — Fizemos nosso ponto. Agora o que você diz de deixar de lado os milagres e jogarmos um pouco de golfe?

Buda nunca fez nenhum milagre — esse é o maior milagre. Ele não está interessado em mistificar você. Todo seu esforço é para lhe dar a chave, de modo que *você* possa abrir as portas de todos os mistérios.

Ele é muito existencial, não-filosófico, não-intelectual em sua abordagem. Ele não é mental — mas muito prático, pragmático. Toda sua abordagem é experimental, experiencial. Assim, você não será capaz de compreendê-lo se continuar apenas lendo.

Tente experimentar o que ele está dizendo. Tente aquietar a mente, refletir, observar e veja você mesmo o que acontece: liberdade, bem-aventurança, verdade, sabedoria, inocência, pureza... — milhares de flores começam a desabrochar em você. A primavera de repente se abre para você.

SAMMASATI — A DESCOBERTA DO BUDA

Numa única palavra,
tudo o que é significativo está contido:
Sammasati.

Gautama, o Buda, não é o único buda na história do mundo: milhares de budas vivem e já viveram no mundo, em diferentes partes do mundo. Eles podem não ser conhecidos como "budas", mas "buda" simplesmente significa "o desperto".

A palavra "buda" simplesmente quer dizer "o desperto". Esse não era o nome dele. Seu nome era Gautama Sidarta. Quando ele se tornou iluminado, aqueles que compreenderam sua iluminação começaram a chamá-lo de Gautama, o Buda. Mas a palavra "buda", de acordo também com Gautama, o Buda, é simplesmente inerente a todo ser humano, e não somente a todo ser humano, mas a todo ser *vivo*. É a qualidade intrínseca de todo mundo. Todo mundo tem direito, por nascimento, de tornar-se um buda.

Qualquer pessoa desperta, em qualquer lugar do mundo, tem o direito de ser chamado de "buda". Gautama, o Buda, é somente um dos milhões de budas que aconteceram e que acontecerão.

A única qualidade que o buda tem, no centro do seu ser, é a observação, o testemunhar. Testemunhar é o todo da espiritualidade resumido numa única palavra. Testemunhe que você não é o corpo, testemunhe que você não é a mente e testemunhe que você é somente a testemunha. Apenas um espelho refletindo — sem nenhum julgamento, sem nenhuma apreciação, sem nenhuma condenação — espelho puro. Eis o que o buda é.

Ser um buda não é ser budista. O budista é um seguidor, o buda sabe.

No momento em que você conhece sua própria condição de buda, você conhece todos os budas — a experiência é a mesma.

Fique silencioso. Feche os olhos.
Olhe para dentro tão profundamente quanto possível.
Esse é o caminho.
Lá, no fim do caminho, você é o buda.

E a jornada é muito curta — um único passo.
Só é preciso total urgência e absoluta honestidade
para olhar direto dentro do seu próprio ser.
Lá está o espelho; o espelho é o buda.
Ele é sua natureza eterna.
você tem de entrar
cada vez mais e mais fundo, até descobrir a si mesmo.
Não hesite. Não há nenhum medo.
É claro, você está sozinho, mas essa solitude é uma
experiência enorme, bela.
E neste caminho você não encontrará ninguém,
exceto você mesmo.

Relaxe e seja apenas um espelho observador,
que testemunha, refletindo tudo.
Nem aquelas coisas têm intenção de ser refletidas,
Nem você tem intenção de captar seus reflexos.
Simplesmente seja um lago silencioso refletindo,
e toda a bem-aventurança é sua.
Este momento presente se torna a não-mente, o não-tempo,
apenas uma pureza, um espaço sem fronteiras.

Essa é a sua liberdade.

E a menos que você seja um buda, você não é livre.
Você não conhece nada da liberdade.
Deixe essa experiência mergulhar fundo
em cada fibra do seu ser.
Fique ensopado, encharcado.
Quando você voltar, volte encharcado
com a névoa da sua natureza búdica.
E lembre-se desse espaço, desse caminho,
porque você tem de carregá-lo durante as vinte e quatro horas
em todas as suas ações.
Sentado, em pé, andando, dormindo,
você permanece um buda.
Então, toda a existência se torna um êxtase.

Sobre o Autor

Os ensinamentos transmitidos por Osho desafiam categorizações, abrangendo desde buscas individuais por significados até assuntos sociais e políticos mais urgentes da sociedade atual. Seus livros não são escritos, mas transcrições de gravações em áudio e vídeo de suas conversas e palestras feitas de improviso a platéias de pessoas de várias partes do mundo, cobrindo um período de trinta e cinco anos.

Osho foi descrito pelo Sunday Times, de Londres, como um dos "mil criadores do século XX", e pelo autor americano Tom Robbins como "o homem mais perigoso desde Jesus Cristo".

Sobre seu próprio trabalho, Osho disse que está ajudando a criar as condições para o nascimento de um novo tipo de ser humano. Freqüentemente ele caracterizou esse novo ser humano como "Zorba, o Buda" — capaz tanto de desfrutar os prazeres da terra, como Zorba, o Grego, quanto de desfrutar a silenciosa serenidade, como Gautama Buda.

Como um fio de ligação percorrendo todos os aspectos do trabalho de Osho, há uma visão que engloba tanto a sabedoria perene do Oriente como o potencial mais elevado da ciência e da tecnologia ocidentais.

Osho também é conhecido pela sua revolucionária contribuição à ciência da transformação interior, com uma abordagem de meditação que leva em consideração o ritmo acelerado da vida contemporânea.

Suas singulares meditações ativas são estruturadas de modo a primeiro aliviar as tensões acumuladas no corpo e na mente, para que então fique mais fácil experimentar o estado de meditação relaxado e livre de pensamentos.

Dois trabalhos autobiográficos do autor estão disponíveis:

Autobiografia de um Místico Espiritualmente Incorreto, publicado por esta mesma Editora.

Glimpses of a Golden Childhood (Vislumbres de uma Infância Dourada).

Sobre o Resort Osho® de Meditação

O Resort Osho® de Meditação é um excelente lugar para desfrutar as férias e um lugar onde as pessoas podem ter uma experiência direta de uma nova maneira de viver, com mais atenção, relaxamento e diversão. Localizado em Puna, Índia, a aproximadamente cento e sessenta quilômetros a sudeste de Mumbai, o resort oferece uma variedade de programas a milhares de pessoas que o visitam a cada ano, procedentes de mais de cem países.

Originalmente desenvolvida como um retiro de verão para marajás e colonialistas britânicos de alto poder aquisitivo, Puna é agora uma próspera cidade moderna que abriga uma variedade de universidades e de indústrias de alta tecnologia. O Resort de Meditação se estende por mais de quarenta acres, em um arborizado bairro residencial conhecido como Koregaon Park. Embora, dentro do campus, as acomodações para visitantes sejam limitadas, há uma grande variedade de hotéis e apartamentos próximos, disponíveis para permanências de alguns dias a vários meses.

Todos os programas do Resort de Meditação estão baseados na visão do Osho de um tipo qualitativamente novo de ser humano, capaz tanto de participar criativamente na vida do dia-a-dia como de relaxar no silêncio e na meditação. A maioria dos programas acontece em acomodações modernas com ar condicionado, e inclui uma variedade de sessões individuais, cursos e workshops que abrangem artes criativas, tratamentos holísticos de saúde, processos de transformação pessoal e terapia, ciências esotéricas, a abordagem do zen nos esportes e na recreação, temas de relacionamento e de transições importantes na vida de homens e mulheres. As sessões individuais e os workshops são oferecidos durante todo o ano, juntamente com uma extensa programação diária de meditação.

Restaurantes e cafés ao ar livre dentro do resort servem tanto comidas indianas tradicionais como uma variedade de pratos internacionais, todos feitos com vegetais produzidos organicamente na própria fazenda do resort. O campus tem seu próprio suprimento de água potável de boa qualidade. www.osho.com/resort

Para maiores informações: www.osho.com

Nesse site abrangente, escrito em várias línguas, você pode fazer um tour virtual pelas instalações do Resort Osho® de Meditação, ter informações sobre livros e fitas, centros de informação do mundo todo, um calendário com os cursos oferecidos e seleções de seus discursos.

Osho International
New York
E-mail: oshointernational@oshointernational.com
http://www.osho.com/oshointernational